奴らを通すな!!

ヘイトスピーチへのクロスカウンター

山口祐二郎

ころから

はじめのモノローグ

これは、俺が反差別運動を「やらなかった」記録と、そして「やってきた」記録だ。

二〇〇七年、その後に「ネット右翼」と呼ばれ、一万五千人もの会員を誇るようになる在特会（在日特権を許さない市民の会）が生まれた。

同じ年、俺は〝反米・自主独立〟などを掲げる新右翼団体「統一戦線義勇軍」で活動を始めた。

北関東の小さな町でケンカ上等な時代を過ごし、無理矢理入れられた大学を抜け出し、歌舞伎町でホストになったりした末のことだった。

既存の団体での新右翼活動は思っていたものとはまるで違った。

街宣行動といっても、街をゆく人の多くは聞いてもいない。素晴らしい先輩たちに囲まれ、多くのことを学んだけれど、学べば学ぶほど直接行動をしなければと焦った。

そんな悶々とした日々に終止符を打つため、防衛省の正門から火炎瓶を投げ込み、短刀をもって敷地内に乱入した。これも二〇〇七年のことだ。

あっけなく逮捕された俺は、三島由紀夫になれず、そして見沢知廉にもなれなかった（このヘンの経緯は前著『ハイリスク・ノーリターン』に詳しい）。

四カ月後に東京拘置所を出てきたら、仲間だった奴が、一人二人と抜けて、在特会とともに活動を始めていた。

「ネット右翼」と呼ばれていた奴らが、いつのまにか「行動する保守」と名乗り、街頭に繰り出していた。

オーバーステイのフィリピン人一家、しかも日本で生まれた中学生の娘を罵るために街頭に繰り出していた。

京都の朝鮮学校が公立公園を占有的に使用していたことを巡って、その使用中止を求めるだけでなく、朝鮮学校の生徒に向かって「ウンコ食ってろ」と叫ぶために街頭に出てきた。

「愛国」とも「憂国」ともかけ離れたことを「行動する保守」が、公然と始めた。

俺は日の丸を持って外国人を罵倒する在特会を許せなかった。日の丸をそんなふうに使う奴が許せなかった。

だのに、俺は、なにをしていいのか分からなかった——。

もくじ

表紙写真●島崎ろでぃー
装　丁●安藤順

¡No Pasarán!

ノー・パサラン…スペイン語で「奴らを通すな」の意。1930年代のスペイン市民戦争で共和派がファシストに対抗するスローガンとして使われた

【奴らを通すな！】ヘイトスピーチ関連年表

2002年6月 FIFAワールドカップを日本と韓国で共催。韓国に有利な判定があったとの批判がネット上をにぎわす

2004年 韓国ドラマ『冬のソナタ』が大ヒット。主役のペ・ヨンジュンは「ヨン様」と呼ばれ、中高年女性の熱烈な人気を得る。韓流ブームの開始

2005年7月 韓流ブームに異を唱える『マンガ嫌韓流』（山野車輪）刊行。シリーズ累計90万部の大ヒットに

2007年1月 【在特会】在日特権を許さない市民の会（在特会）が発足集会を開催。桜井（高田）誠を会長に活動を開始する

1月 【山口祐二郎】統一戦線義勇軍に入会

7月 【山口祐二郎】防衛省火炎瓶短刀襲撃事件を起こす

11月 【山口祐二郎】有罪判決（懲役2年、執行猶予4年）が確定し、東京拘置所を釈放される

2009年4月 【在特会】カルデロン一家事件。娘が通う中学にまで在特会がデモをかける

12月 【在特会】在特会メンバーらが京都朝鮮第一初級学校に街宣行動

2010年1月 【在特会】最大規模の在特会デモが新宿で開催される。参加者は約500人で、それに抗議した高校生をめぐって騒乱状態に

3月 【反差別】ナショナルフロントが外国人犯罪追放運動の瀬戸らを襲撃

4月 【在特会】在特会メンバーが徳島県教祖の事務所を襲撃

6月 映画『ザ・コーヴ』をめぐって、新右翼と在特会グループが対立

8月 イベント「右翼VSウヨク」が新宿のロフトプラスワンで開催される

8〜9月 【在特会】京都朝鮮第一初級学校へのヘイトスピーチと徳島県教組襲撃事件により、在特会メンバーが相次いで逮捕される

2011年 1月 【在特会】在特会副会長（当時）の川東大了が、奈良県の水平社博物館前で被差別部落民を侮辱する街宣行動。後に奈良地裁は150万円の慰謝料を支払うよう川東に命じる

3月 東日本大震災と福島第一原発事故が起こる

9月 【在特会】脱原発デモに数万の参加者が集うようになる。在特会一派は「反・反原発」を掲げカウンターを仕掛ける

12月 【山口祐二郎】東電会長宅前で断食断水の反原発抗議行動

2012年 5月 【山口祐二郎】官邸前でふたたび断食断水の反原発抗議行動

秋 【在特会】在特会が全国各地でヘイトスピーチデモを繰り広げる。11月には新大久保を標的にしたデモを行う

2013年 1月 【在特会】「韓流にトドメを！」と題したデモを在特会一派が新大久保で開催。以降、毎週のようにヘイトスピーチデモを行うように。【反差別】Kポップファンが反撃

2月9日 【反差別】在特会メンバーらによる新大久保デモ後の「お散歩」を阻止するために「レイシストをしばき隊」が登場

2月17日 【反差別】新大久保デモに対して沿道から抗議する「プラカード隊」が登場

6月30日 【反差別】新大久保での在特会デモを阻止するカウンター行動に約1000人が集まる。在特会・カウンター双方に4名づつの逮捕者

7月 【在特会】在特会一派が予定していた新大久保でのヘイトスピーチデモを申請せず中止に

9月8日 【在特会】2020年東京五輪の開催が決定直後に、在特会が韓国学校無償化の反対を理由にデモ。国際的な批判を浴びる【反差別】シットインの直接行動でデモ阻止を試みる

9月22日 【反差別】米国公民権運動の象徴でもあるワシントン大行進から50年を記念した「差別撤廃東京大行進」に2000人以上が参加

10月7日 【在特会】京都事件判決。抗議行動を逸脱したヘイトスピーチだったとしてメンバーらに約1200万円の支払いを命じる

主な登場人物の相関図【2007年～2013年夏】

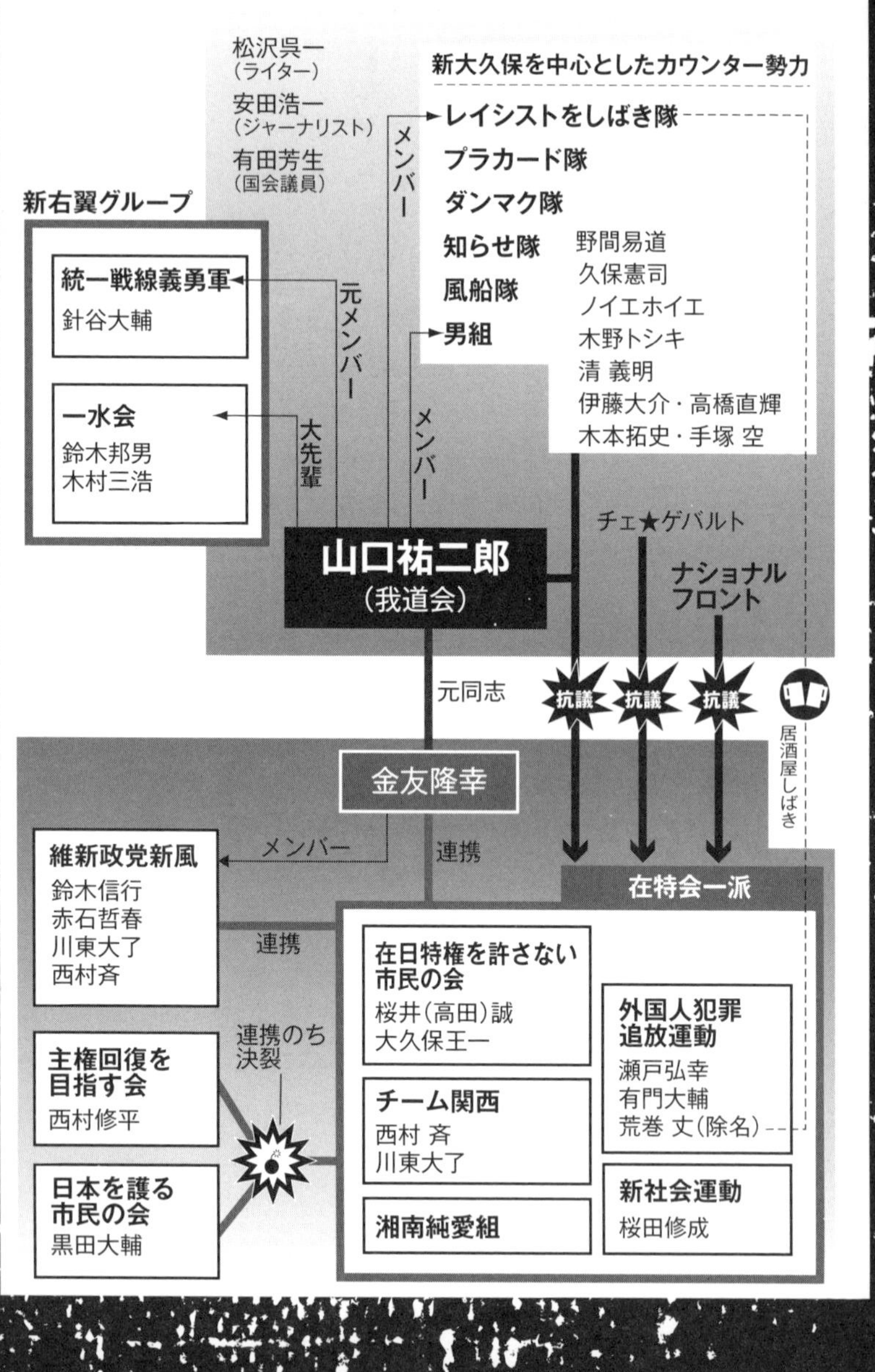

第1章

誕生

21世紀の排斥運動

二〇〇七年のネット右翼

まずは二〇〇七年から話を始めたい。この年は差別主義者たちにとっても、この日本にとっても重要な意味を持つ年だと思うからだ。

在特会（在日特権を許さない市民の会）は、桜井誠（本名高田誠《たかた》）を会長に、この年の一月に結成された。

在日韓国・朝鮮人（以下、在日コリアン）が日本において特権を得ているという考えで、それをただしていこうという「運動」である。

俺は同じ二〇〇七年一月に、右翼活動に足を踏み入れた。「統一戦線義勇軍」という一九八一年に結成された新右翼の組織に属した。

戦後の右翼団体は反共産主義で親アメリカ的な思想が主流だった。それに対し統一戦線義勇軍は、日本はアメリカに占領されて魂を抜かれたんだと対米自立思想をスローガンとして、一水会などとともに「新右翼」とも呼ばれた。

その当時から、ネットの掲示版などに匿名で書きこみをするネット右翼が話題になっていた。

「知り合いでネット右翼がいたら紹介してくれませんか？」

マスコミによく聞かれた。でも知人にはいなかった。「愛国」というよりも「反日思想のヤツは死ね」というようなことを「2ちゃんねる」などのネット掲示板に書き込むだけのネット右翼は、正体が見えなかった。

「無責任な奴らだ」

いつもインタビューされると、俺はネット右翼を批判した。最初の安倍晋三内閣が生まれ、右傾化がブームのような時代だった。

名前や顔を出さないのをいいことに、「シナ人はゴミ」「チョンは消えろ」とか人種差別的なことを書きこむネット右翼は不愉快だったが、さほど俺は気にはしないでいた。そんなものは便所の落書きみたいなもので、書いた本人ですらすぐに忘れてしまうだろう。また、ネットだからつい調子に乗ってしまったのだろうぐらいに思っていた。

ただ、実際にともに右翼活動をしていた他団体の仲間が「朝鮮人はキムチ臭いから出ていけ!」というようなスピーチをしたので、俺は嫌になり街宣車を降りたことがあった。

それに普通に社会には人種差別は溢れている。中国人はあくどい商売をするだとか、黒人はすぐに暴力に訴えるだとか。そんなステレオタイプな決めつけを聞く機会は多かったし、自分もそういったイメージが少なからずあると認識していた。

でも、中国人だからとか黒人だからといって、全てがそうだとは限らない。ちょっと考えれば分かることだ。現代の日本で、そんなあからさまな差別をする人間が増加するとは思っていなかった。

しかし、俺の予想ははずれる。インターネットを舞台に、差別的な空気は世間で膨らみはじめ、在特会の運動は広がりを見せていく。

在特会は、ユーチューブやニコニコ動画などを利用し、活動の動画をインターネットにアップして話題を提供し、会員数を拡大していく。

在特会は、今までの右翼のあり方を否定した。黒い街宣車に乗り軍歌をBGMに強面のルックスで叫んでいる右翼とは違い、普通の市民だということを強くアピールする。そして既存右翼は在日コリアンに甘すぎたのだと批判した。

「朝鮮人は朝鮮半島に帰れ！」

一見すると、会員は気弱そうな連中だが、激しく在日コリアンを罵倒する。だが、良くも悪くも在特会は、そのスタイルで注目されていったのだ。それに比例して、どんどん会員数も増える。

それまでの右翼団体とは違い、デモや抗議活動をして、それをまめにネットへ動画を投稿し拡散するスタイル。それが在特会の特徴であり売りでもあった。マスコミは取り上げないが、ニコニコ動画やユーチューブで動画を閲覧した多くの人々が在特会を知るようになる。

在特会に入るのに、入会金は必要ない。人のつながりを重んじる既存右翼とちがって面接すらない。一番簡単なのは、インターネットで在特会の公式サイトにアクセスする。そしてメールを送るだけ。これでメール会員という会員になれるのだ。

本名も住所も不要。月に何回参加しなければいけないなどの活動ノルマもない。月会費もないし面倒な決まりごともないので敷居は低く入りやすいのだ。

そんな自由というか勝手気ままな在特会に共鳴し、奴らと行動を共にする右翼も僅かだが現れた。俺の周囲にもいた。

当時の俺は、街頭で政府批判の街宣活動をしても人数が集まらない、演説をしても誰も聞いてくれないといった悩みがあった。その焦りから俺は二〇〇七年に防衛省火炎瓶短刀襲撃事件を起こし捕まるまでやるしかなかった。

しかし、在特会はそんなリスクを背負わずとも効果的な活動をしていた。活動の動画を撮影しネットで広める。それだけで抗議対象にも脅威を感じさせたし、多くの人々に影響を与えていた。

時には嫉妬をして俺は見てしまうようになっていた。だが、右翼はネットアイドルのような存在ではない。国や日本人のことを真剣に考えてこその活動だ。俺は人種差別をして日本が良くなるとは思わない。いじめをする醜い人間を見ているようで嫌で仕方がなかった。

けれど、気にくわないが特に俺自身にはこれといった実害はない。活動を邪魔されたりもないし、まあいいかと思ってしまっていた。口先だけのパフォーマンス集団だから、放っておけばいいやと勝手に自己解決をして納得をした。

そんな感じでたかをくくっていたのだ。

「カルデロン事件」で急増した会員

当初は勉強会などを運動の中心としていた在特会の転機となる事件が二〇〇九年に起こる。

旅券を偽造して入国していたとして、最高裁判所が長く日本で暮らしていたフィリピン人一家のうち両親に帰国を命じたのだ。俗にいうカルデロン一家事件である。

強制退去を命じられた両親は、中学生の娘カルデロンのり子さんを一人残して帰国するかどうかの決断を迫られた。まさに、情と法の矛盾な世界。不法滞在とはいえ、人を傷つけるような犯罪を犯したわけでもなく、親子が引き離されることに同情する声も少なくなかった。

結局、両親はのりこさんを残してフィリピンへの帰国を決意。悲劇的な事件として、マスコミは広く報道をした。

しかし、在特会はとんでもない行動を起こす。のり子さんの住む埼玉県に押しかけデモ行進をおこなったのだ。一〇〇人ほどで少女の自宅前で拡声器を使い「日本から出ていけ」と爆音で叫んだのだ。さらにデモは、のり子さんの通っている中学校前をも行進した。

両親が法律違反を犯して日本に入国したのは事実だが、俺はのり子さんを責める気にはなれなかった。周りの右翼の重鎮たちも考えは同様だった。ましてや日本の中学校に通う少女を大勢で罵倒するなどは、理解できなかった。

「カルデロン一家は犯罪者！　ゴミはゴミ箱へ！」

ゴミと人間を同一視したシュプレヒコール。デモ参加者が掲げるプラカードには「カルデロン不要」と書かれたものまであった。

また、このデモに抗議をした人が二名逮捕された。集会を妨害したとして威力業務妨害罪などにされてしまったのである。

この事件が、ネット上では話題になり、これを機に在特会の会員は爆発的に増えたという。それに味をしめたのか、俺たち右翼がいくら批判をしても耳を貸さず、外国人排斥の行動をエスカレートさせていく。

同じく二〇〇九年の九月。差別主義者たちは秋葉原で外国人参政権反対のデモをする。俺も外国人参政権には反対だが、デモでは外国人を侮辱しているとしか思えない主張が叫ばれる。

「シナ人との戦争だ！」

「そこの朝鮮人、国へ帰れ！」

このデモに対し、左翼グループの一名が抗議のカウンター行動をした。その抗議行動に気づいたデモ隊は、攻撃心を剥き出しにして襲いかかった。

一人に対して殴る蹴る、旗竿で突くなどの暴行をしたのだが、反権力を貫くためか被害者の左翼メンバーは警察に被害届を出さなかった。それもあって、デモ隊側は白昼堂々と暴行をしておいて逮捕もされなかったのだ。

それとは逆に、差別主義者たちは手を出されるとすぐに被害届を出すスタイルである。今までの右翼や左翼と違い、威勢のいい言葉を吐き散らしておきながら、直接行動で抗議されると警察に泣きついて対処を求めるのだ。

少女のりこさんへの嫌がらせに秋葉原デモでの集団暴行。もはや弱い者いじめとしか思えなかった。

けれども、在特会は反日外国人から国を護るための活動だと言い張る。どんなに批判をされても、「犯罪者の娘である」カルデロンのりこさんに何をしてもいいらしい。外国人参政権反対デモにカウンターをする左翼は、反日の売国奴だから何をしてもいいらしい。在特会は自らの行動をこういった理由付けで運動を正当化するのだ。

ネットで拡散された「暴力」

その精神を象徴する出来事が、「維新政党新風」会員の赤石哲春による在日コリアン青年逮捕事件だろう。維新政党新風は在特会の信条に近い政治団体で、選挙に出て議員を出そうとしている。

二〇〇九年四月、愛知県名古屋駅頭で街頭演説をしていた赤石が、韓国人を小馬鹿にする発言を多々する。通りすがりの在日コリアン青年が怒りの感情を抑えきれずに文句を言った。

「おいお前、在日は北朝鮮に帰れって言ったよな?」

怒るのは当たり前だ。在日コリアンに対し北朝鮮へ帰れとは無茶な話である。そもそも日本が朝鮮半島を植民地化したため、多くの人が日本へやってきたり、あるいは〝日本人〟として強制的に徴用した歴史があるのだ。しかも二〇代であろう青年が日本で生まれ育ったのは明白ではないか。

しかし、青年の怒りに対し、赤石は差別的発言で返した。

「なんだお前。気持ち悪いな。近付くな。口を聞くな。俺は、お前みたいな朝鮮人が大嫌いなんだよ。朝鮮人が大嫌いなんだよ。ゴミが。朝鮮人が」

次の瞬間、赤石は地面に仰向けになる。そう、在日コリアン青年が激怒し掴み掛かり押し倒してしまったのだ。強い力で組み伏せる。

「おどれこら！　なめくさりおって！　誰がゴミだこら！」

青年の鬼気迫る表情での叫び。それはそうだ。生まれながらの民族のことで存在を否定されたのだ。ただ韓国人というだけで、ゴミだと言われたのだ。怒りを我慢できるはずもなかったのだろう。

その迫力に赤石はひるんだ顔付きになるのだが、ここでまさかの驚愕の行動を取る。

「あいたたた！　あいたたた！」

わざとらしい悲鳴をあげたのだ。当然、青年は更に怒る。

「おどれこら！　誰がゴミだこら！」

駅前での出来事である。周囲からは間違いなく通報される。すぐに警察が駆けつけた。

「あいたたた！　あいたたた！　暴力はいけませんよ。やめてください」

ここぞとばかりに赤石はさらに悲鳴を上げる。すぐに在日コリアン青年は警官たちに取り囲まれる。

「はい！　現行犯逮捕です！　記録も取りました！　逃げられません！　現行犯です！」

赤石は満面の笑みで青年に向かって言った。そう、これを狙って大きい声で叫びやられたふりをしていたのだ。仲間がカメラで撮影もしていて、何かあった際に証拠として出せるようにしているのだ。

当然、警官たちは事情が分からない。赤石を地面に押さえつけている在日コリアン青年を取り押さえる。

「こいつが韓国人はゴミって言っとんだ！　ゴミって言っとんのだぞ！」

激しく叫びながら暴れる青年。それを無情にも羽交い絞めにする警官たち。在日コリアン青年の訴えを警官たちは聞こうとしなかった。

「これが韓国人の正体です！　皆さんこれが韓国人の正体です！」

差別的な発言をしながらせせら笑う赤石。

「こんなこと許されると思ってんのか！　おい聞いてるやろ!?　聞いてるやろ!?　韓国人を差別してるんや！」

なおも必死に警官たちに訴える青年。

「落ちつけ。落ちつけ」

しかし、警官たちは何も聞かずに青年を倒して取り押さえる。

「はい！　逮捕してください！」

赤石が煽る。

「こいつの言うこと聞いてみいや！」

「暴力行為じゃないか」

「何が暴力行為や！　韓国人はゴミって聞いとったな！　おい！」

あまりにも虚しい叫びが駅前に響き渡る。そして在日コリアン青年は警察署に連れて行かれてしまう。

「手錠を付けろ！」

さらに煽り続ける赤石――。

この動画はネット上に「粗暴な朝鮮人」というような説明つきでアップされ、いたるところで拡散された。世界中に、日本中に青年の顔は無断で晒される。しかも名前までも流出した。

勿論、それは在日コリアン青年の意図したことではない。赤石の仲間や在特会をはじめとする差別主義者たちがネットに広めたのだ。

この悲しい事件を動画で知り、俺は激しく怒りを覚えた。在日コリアンをこんなふうにあざける人間たちは、断じて愛国者などではない。許せない気持ちで胸が痛くなった。

しかし、どう対処すればいいだろう。相手は人間にゴミと言っておきながら、ちょっと手を出したら警察に泣きつく。しかも、当時の俺は防衛省の事件で執行猶予中だったのだ。

在日コリアン青年が手を出したのは、決して間違いではないと俺は思う。あれは単なる暴力ではない。人としての尊厳を踏みにじられた者による直接行動だ。

それでも、俺は動画が写し出されたパソコンのモニターをただ睨みつけるしかなかった。

小学生への罵声

さらに、在特会の蛮行は続く。

二〇〇九年十二月。「チーム関西」という在特会会員を中心としたグループが京都朝鮮第一初級学校の前で拡声器を使用し抗議街宣をした。時間は平日の昼間。生徒が授業を受けている時間帯である。抗議の理由は朝鮮学校が近くの市立公園を不法に占拠しているというものだった。

京都朝鮮学校には運動場がない。そこで朝鮮学校側は、京都市当局や周辺住民と公園使用について定期的に協議し朝礼や体育などの学校行事に公園を使用していたのだ。しかし在特会にとっては、それが「日本の土地を奪われている」と脳内変換される。

しかも、チーム関西はその怒りを朝鮮学校の教員たちではなく、生徒たちに向けた。平日の授業をおこなっている時間帯に校門前で、拡声器を用いて大音量の抗議街宣をする。

「キムチ臭いでえ！」

「朝鮮人はウンコでも食っとけ！」

小学生に対し、公園の〝不法〟使用とは関係ない言葉を叫ぶ。慌てて出てきた朝鮮学校の教師たちが注意をするのだが、全く話を聞こうとはしない。

「スパイの子やんけ！」

「人間と朝鮮人では約束が成立しません！」

校内では泣いてしまった生徒たちもいるという。

通報を受けて警察も到着したが、しかし何もできない。

「やめてください」

注意するだけで基本的に傍観することしかしなかった。もちろん、チーム関西は罵声を浴びせるのをやめない。

騒ぎを知った保護者や朝鮮学校ＯＢが現場に駆けつける。校門の閉じられた鉄柵を境に教職員とチーム関西が対峙をする。ついには痺れを切らしＯＢたちがチーム関西のメンバーたちと小競り合いになる。

そして、一時間以上にも及ぶ抗議活動が終わるまで、生徒たちは誹謗中傷に耐えるしかなかったのだ。

この後、すぐに在特会側により動画がユーチューブなどにアップされた。その動画は大量にコピーされて、とてつもない勢いで拡散された。再生回数が多い動画は、何と一〇万アクセス以上も記録したのだ。

俺はこの事件の話を右翼関係者から聞いて知った。動画を観て怒るというよりも悲しかった。たとえ朝鮮学校が反日的な教育をしていようと、何も知らないで授業を受けている子供たちに罪があるのだろうか。

しかしカルデロン一家の件と同じで、ネット上で批判が殺到していたのだが、それ以上に賛同する人間たちも多かったのだ。

狂っている。朝鮮学校の子供に「ウンコでも食っとけ」といった罵声を容赦なく浴びせる行動に感動して、チーム関西を称える人々がいたのだ。俺は日本人だし、いっぱしの右翼として朝鮮総連や韓国大使館に抗議をしたこともある。だが、この「抗議」活動を支持することなどできない。

だが、現実はカルデロン一家事件で在特会を応援する人間がガンと増えた。京都の事件ではカンパもドカンと膨れ上がったらしい。

このチーム関西の行動後、在特会の連中がよく言う言葉。

「他の右翼が朝鮮に甘いから、私たちがやるんだ。似非《エセ》右翼と在特会は違う」

俺からすれば、何も分かっていない発言である。朝鮮学校の子供たちをスパイの子だとかキムチ臭いだとかウンコでも食っておけと罵ると、日本が良くなるのだろうか？

答えは「否」であろう。全世界に恥を晒していることに他ならない。朝鮮学校の子供たちに、歪んだ日本人像をイメージさせてしまうことになる。そんな憎悪の中で育った子供たちが、大人になって素直に日本人と仲良くできるだろうか。結果的に「反日教育」をしているのは在特会自身だ。

そして京都朝鮮学校側は、在特会とチーム関西のメンバーらを訴え、二〇一三年に京都地裁は、「抗議」の範囲を超えたヘイトスピーチだと認定するのだが、このことを期に在特会をますます無視できなくなった。俺は、どう対応するか動画を観ながら考えた。右翼が市民と喧嘩してもメンツは潰れる。それに被害届を出されて捕まるかもしれない。

右翼の先輩や仲間に相談したりもした。しかし、期待はずれな返事ばかりだった。

「放っておけば自然にいなくなるよ」

「そうですかね」

「大丈夫だよ。あまりネットばかり見て気にするな」

でも気にはしないようにしても、現実にそういった非道な差別主義者たちがいることを忘れられなかった。

「同志」との出会い

ここでかつては「同じ釜の飯」を食った仲間の話をしよう。たとえば、金友隆幸だ。俺が右翼の道に足を踏み入れた時から一緒に活動をする友人だった。それがいまでは在特会と連携する維新政党新風の会員であり、差別主義者集団の「排害社」を設立している。俺とは生年月日まで全く一緒であった。

二〇〇七年一月。俺と金友は新宿駅東口で初めて出逢う。色々な右翼団体が合同で街頭演説会をしていたのだ。当時、金友は国士舘大学の四年生で、右翼系サークル皇国史観研究会に所属していた。俺よりもずっと前から右翼運動をしていた。当時お互いに二一歳。同世代の活動家なんて他に全然いなかった。すぐにとても仲良くなり、いつも朝まで酒を飲み交わすようになった。

「俺ら二人で維新をしようじゃないか！」

「そうだな」

毎度のように活動のことなどを語り合った。酒が入ると金友はでかいことを叫ぶ。俺は飲んだ勢いで大きいことを言うのは好きじゃない。でも、そんな姿を酔って見せてくれるのは信頼してくれているんだと感じて嬉しかった。俺も金友を信頼していた。良き友であり、良きライバルであった。

まめにビラ張りをしたり活動をする金友。気分屋でめんどくさがり屋の俺。地道なことを続けている金友をとてもリスペクトしていた。

二〇〇七年七月。俺は防衛省火炎瓶短刀襲撃事件を起こす。全国ニュースで報道され俺は犯罪者になって獄中へ。その同時期、金友は維新政党新風に加入する。第一次安倍内閣が退陣するきっかけにもなった参議院議員選挙の真っ最中で、新風の上司である鈴木信行氏が東京都選挙区で出馬していた。

金友は選挙スタッフとして忙しく駆け回っていた。

そんな時に俺は事件を起こし、しかも「新風はテロリスト（俺のことだ）と繋がっている」などとネットに書かれてしまったので、迷惑をかけた。

だが、選挙期間中なのに、鈴木氏と金友はすぐに街宣車で牛込警察署前に駆けつけ、留置場にいる俺に激励の演説をしてくれたのだ。

拘置中は面会もよく来てくれた。勘違いじゃなければ金友も俺をリスペクトしていただろう。お互い認め合う親友みたいな仲だった。

それなので、お互いに性格で弱い部分があることも知っている。金友は凄く臆病だと思う。でも出世欲みたいのは人一倍あった。口先だけ達者になり、いつからかずる賢い人間の特徴の雰囲気をかもしだしてしまっていた。

俺も度胸はなかった。でも、口だけ上手くなり虚勢を張ろうなどとはしなかった。別に誰かに認めて欲しいとか右翼で成功しようなんて考えなかった。だけど、何かの時は世のため人のために身体を張りたいと思っていた。そして事件をやらかしてしまった。

俺が釈放された頃、金友は大きく変わっていく。まるで詐欺師のように饒舌になっていった。演説が嘘つきの政治家みたいになっていく。防衛省に火炎瓶を投げ込むような俺とは違い、別のやり方で右翼活動をしていこうと考えた結果なのかもしれない。

「事件を起こしてみてどうだよ？　もっとうまく活動やらなきゃ」

二人で飲んでいた時に、そう言われたことがあった。右翼活動でボロボロになった俺に忠告してくれたのだろうか。金友が思う愛国者のあり方を語られたのだろうか。どちらかは分からない。

喋りが上手いのは感心していたが、やはり中身がないように思えてしょうがなかった。活動もどこか良くも悪くも演出をしているように見えた。演技みたいで骨がないのだ。

また、金友は自己を肯定する性格だった。人間、真の自信がないとそうなってしまう。

俺も恥ずかしながら、金友と同じく自分に自信が持てなかった。だけど、何とか現実を見ようとしてきた。自己肯定も妄想の世界に入ったら終わりだ。

しかし、金友は活動をしていて事実と違うことを言うようになっていく。俺はそれを心配していた。

「今日の演説は多くの人間が聞いていたな」

「今日の抗議は効果あったね」

だれも聞く人のいない演説をしていたのにも関わらず、そんなことを真顔で言うのだ。

しかし、こういう風になってしまうのは政治活動家の世界ではよくあること。業界特有のイタい妄想癖がもろに出てしまう。そう思わなければ金友はやっていけなかったのだろうか。自分に嘘を言い聞かしていたのだろうか。俺は現実逃避をしないように気をつけていた。

反米右翼からの転向

街頭演説が得意な金友。暇さえあれば、俺たちは一人でも拡声器を持ち歩き駅前で演説をしていた。だが、いくら愛国の情熱や時事評論を叫んでも中々結果は出なかった。

真剣に活動をしていれば誰もが悩むことだろう。俺もそうだった。だから絶望する気持ちは分かる。それが俺は防衛省火炎瓶短刀襲撃事件になった。けれども、金友は違った。より注目されるような演説に走り、直接行動のように危ない橋は渡らない。

俺みたいなのが犯罪者になって破滅していくのを間近に見てきたからだろうか。金友自身がそこまでの覚悟がない男だったのか。道行く人の注目を集めようと、金友は言葉の過激さを増していったのだと思う。

「拉致被害者に帰ってきて貰うために、北朝鮮を空爆しなきゃならない！」

「核武装をして自衛隊は国軍化するべし！」

「国民はどうして馬鹿なんだ！　クリスマスなんてキリスト教の祝い事だ！　敵国のお祭りごとなんかするんじゃない！　カップルはいちゃいちゃするな！」

こんな演説をしていれば当然怒って絡んでくる人間も出てくる。そんな文句を言ってくる人間たちを、金友は左翼だとかキチガイだとか言うようになった。俺が、いくらなんでもそれは違うと話をしても聞く耳を持たなかった。

次第に金友の演説中に妨害してくる人が増えてくる。街頭で核武装を無責任に煽る話をすれば、被爆国の日本なら反対する人が多くいる。ましてや、平和を訴える国民を、馬鹿にするような発言をしたら尚更だろう。ムカつく人々もいるはずだ。

しかし、それが正しいか悪いかは別にして金友の演説を聞く人は増えた。

金友は葛藤しつつ活動をしていた。そんな時に在特会をはじめとする排外主義的な運動に出逢う。同世代の若者が多く、既存の右翼では入会が禁じられている女性も少なくないことに魅力を感じてしまったらしい。そして、何より右翼団体などより動員力があるのが嬉しかったのだろうか。

ついには、金友は在特会で桜井らと行動をともにしはじめる。

「山口も一緒にやろうよ」

「嫌だね。俺は在特会なんか認めない」

金友から何度誘われても断った。俺から言わせれば、在特会などは単なる差別用語を吐いて目立ちたいだけの集団だった。その愚かな群れの一人に、同じ釜の飯を食ってきた仲間がなってしまった。いつしか金友は、差別主義者たちの中心的なメンバーになってしまう。

目立ちたがり屋の金友は、ネットで動画を拡散されてよく喜んでいた。金友の家で酒を飲んでいると、おもむろにパソコンでユーチューブを開く。自身が演説している動画を嬉しそうに見せてくるのだ。

「再生回数、凄いでしょ」

「観たくないよ。俺はそういう演説は嫌いなんだ」

何度そういうやり取りがあったか分からない。そのたびに不愉快で仕方がなかったが、仲良くはしていた。いつかやっていることが恥ずかしいことだと気付くだろう。そう考えていた。

しかし、金友は街頭でどんどんヘイトスピーチを垂れ流すようになっていく。

「朝鮮人は出て行け！」

「シナ人は蛮族だ！」

外国人を罵倒している時、どこかうれしそうな表情になった。理由は何でもいいから差別をして、楽しんでいるように思えた。

酒の席でもそういった酷い発言をするようになる。そんな感じなので人間関係もどんどん壊れていった。けれども、そんな中でまだ彼の良心を、俺は信じていた。いや、信じたかったのかもしれない。

「朝鮮人は出て行けなんていうのが正しいと思ってるの？」

「今までの右翼が、朝鮮に対して甘すぎたんだよ。在特会の活動は正しい」

「でも、朝鮮人だからという理由で出て行けなんてのは理解できないな」

「それは分かってるよ。でもね、右翼の活動なんてはっきり言って終わってる。だが、在特会は違う。いかにも右翼といった感じじゃない普通の市民が日の丸を持ってデモしているんだ。凄いことじゃないか」

右翼の先輩や仲間が金友を非難する中、俺は変わらぬ交流を続けた。既存の右翼活動に対して、真剣だからこそ金友は考えるところがあったのだろう。そして、自身の能力を活かせる居場所が見つけられたと思ったのだろう。

しかし、それは勘違いだ。「シナ人」や「チョーセン人」と見下したように罵倒して日本がよくなるとは思えない。だからきっと時間が経てば、金友もそんな活動はやめるだろう、在特会なんかも、そのうち衰退していなくなるだろうと思っていた。

俺自身もホスト上がりの右翼と見られ、右翼の世界で浮いた存在だったし、数少ない友人を失いたくなかったのだ。

新宿スプレー事件

翌年二〇一〇年の一月二四日。衝撃的な出来事が起こる。

この日も、在特会をはじめとする差別主義者たちは大規模なデモを新宿でおこなった。動員は衰えるどころか参加者は増えていた。デモ隊は五〇〇名程度。テーマは外国人参政権反対。毎度のように何かと理由を付けてヘイトスピーチをする。

俺は前日の夜に友人の金友隆幸や在特会の幹部らと酒を飲んでいた。

「一度、デモに参加してみてよ」

「お願いします」

あからさまに誘われたのだ。口説けば参加するのではないかと思われていたのが、悔しくて仕方がない。明確に拒否をした。

また、在特会を敵視する仲間からはデモを監視する行動に誘われていた。後で詳しく書くが「ナショナルフロント」の面々にである。こちらも断った。

本心はデモにカウンターをして威嚇したかったのだが、統一戦線義勇軍のメンバーでもあり勝手な行動はできなかった。気になるけれど現場に行けず、家でおとなしくしているしかなかった。

同じ人間が、ヘイトスピーチをするデモ隊側とカウンター側の両方に参加を誘われているのは不思議なことだ。それぐらい、在特会の排外行動は右翼からすると微妙な立ち位置にあった。

右翼の先輩たちは面白く思ってはいなかったが、在特会のデモは日の丸を掲げている。俺の友人で、排外デモをやっている金友は正統派右翼の流れを組む維新政党新風の会員でもある。どう接していいか分からない感じであったのだ。だからこそ、俺も明確な態度を取れず、差別デモ側にも誘われたりしてしまったのだろう。

結局、俺はこのデモに参加せず、その時の様子は動画でしか分からない。しかし、今では行かなかったのを悔やんでいる。

デモが始まる。数人の人間たちが、デモを監視するように併走する。抗議行動とまではいかないが、この頃から見られるようになった光景だ。デモ隊に手を出したり文句を言えば、被害届を出されたりデモ隊が集団で襲いかかってくる。煮え切らない怒りを抱きながら、差別主義者のデモに睨みを効かせるのが精一杯だった。

そんなデモが終盤に差し掛かる頃、事件は起きた。

若い男に対し、罵詈雑言を吐くデモ隊。その青年も言い返す。そして激しい掴み合いになる。多勢に無勢。青年は持っていた催涙スプレーで反撃したのだ。まさに正当防衛。

目を押さえ、うずくまるデモ参加者三名程。これにデモ隊が激怒。青年に次々と襲い掛かる。機動隊が間に入るが、まさに騒乱状態。その時、自らが盾になり青年をかばおうとする大人たちがいた。多くの人間たちが怒鳴り合い押し合い揉み合いをする。

デモ隊は、スプレーをかけられたことを怒っているらしい。外国人をたたき出せというような言葉を吐いて掴みかかっておきながらだ。

スプレーをかけられた人間たちは、救急車で運ばれた。人に死ね殺せと叫んでいたレイシストはおとがめなしで、青年は警察に連行され傷害容疑で逮捕された。

その後、デモ隊は警備不備だということで新宿署に抗議の街宣。自分たちがした発言の責任感はないのだろうか。好き放題ヘイトスピーチをして青年を侮辱しておいて、安全圏で活動したいなど言語道断であろう。

しかし、法とは無情なものである。抗議をした青年は留置場に入ってしまったのだ。

この青年は神奈川県に住む高校生であった。以前にも池袋で西村修平氏が代表を務める「主権回復を目指す会」とトラブルになっていたのだ。現在はたもとを分かっているが、この頃の西村代表らは、在特会といつも行動を共にしていた。その時のトラブルはユーチューブにもアップされている。

そういった経緯があり、文句を言おうとデモがある新宿まで来ていたのだ。そして騒乱になってしまい護身用のスプレーを使ったようなのである。最初から襲撃などは考えていなかったと聞く。

青年は一〇日程拘留されて釈放されたらしい。だが、差別主義者たちは青年の通う高校をネットに晒し、学校にまで押しかけた。青年は後に退学処分になってしまったのである。

事件は全国ニュースでも報道され、ネット上でも話題になる。撮影されていた動画をはじめとして、瞬く間に拡散された。在特会は、青年のことを「シナマフィアの凶暴性を見た」などと宣伝をして回る。

この時、新宿スプレー事件で青年を擁護したのは、あとで詳しく述べるチェ☆ゲバルト氏や室岡徹郎氏（後の「室岡徹郎事務所」代表）、笠哲《りゅう》哉氏（後の「ナショナルフロント」党首）などであった。

更には現場にはいなかったが、事件を知り統一戦線義勇軍の針谷大輔議長が在特会を批判し青年を援護する記事をブログに書いた。俺も同様に在特会を強く批判し青年をリスペクトするブログを書いた。

そして在特会副会長の大久保王一が、ネット上の公の場で謝罪をするまで追い込んだのである。俺はすぐに金友と会い、そんなデモに誘ってきたことを責めた。

「高校生の人生を狂わせて何が愛国活動だよ」

「高校生だってテロリストだ。スプレーで攻撃できるんだ」

「お前らが出ていけとか帰れとか叫んでたらカチンとくるだろう。反撃されて当たり前だ」

「そんなこと言うなよ」

この事件を機に、俺は金友とは徐々に疎遠になり、そしてカウンター側へと傾斜していった。

右翼からの一撃

新宿スプレー事件の少し前に室岡徹郎氏と出逢う。破天荒な右翼グループ「ナショナルフロント」のコマンダー室岡と言えば、敵対する在特会の上層部で知らない者はいないだろう。

今でも印象に強く残っている。新宿駅東口、統一戦線義勇軍の定例街宣中だった。ずっと鋭い目で演説を聞いている男がいた。ただならぬアウトローの雰囲気を漂わせている。

革ジャンにドクターマーチンのファッション。筋骨隆々な身体。顔面凶器のような殺気立った顔。明らかに喧嘩慣れした風貌。年齢は四〇代半ばだが、それよりも断然若く見える。

ロックンローラーの内田裕也氏をリスペクトし、ジャックダニエルを瓶のままストレートで胃袋に流し込む。三度のメシのように喧嘩をしまくる凶暴さ。

「うるせえ！」

気にくわない奴には問答無用で容赦なく鉄拳制裁。それが室岡氏だった。

たまたまその同日、獄中から出所したての笠哲哉氏も街宣を見に来ていたのだ。噂ではスリランカマフィアを襲撃して捕まっていたらしい。

「国賊は粛清だ！」

そんなセリフを当たり前に言う男だ。

笠氏は、身なりはいつもパリッとしたスーツ姿で。年齢は室岡氏と同様で四〇代半ば。だが、やはり実年齢よりとても若く感じる。家柄の良さが伝わってきて、一見すると大企業のビジネスマンのようだ。

容姿端麗で口もうまいし女性によくモテる。仕事ができそうなカッコ良い男だから当然だろう。事実、笠氏は公家の血筋で政治家のサポートみたいなことをしていた。

笠氏とは、それ以前に右翼の知人を介して知り合った。知人が選挙に出るというので、近所に住んでいる俺に手伝って欲しいとのことだった。その時、支援者として笠氏がいたのだ。

平日昼間でも選挙の手伝いをしていた。何で食っているか分からない、不思議な怪しい男だった。

「俺は神だ！」

酔うと笠氏はそんなことを叫び万札をばらまいたりした。たぶん、笠氏は人脈を繋いだり選挙を手伝ったりなどフィクサーのようなことをしていたのだろう。また噂では、自民党の党員らしい。確かに自民党の政治家と仲が良いのだ。目の前でそれは見てきた。

途切れることなくアルコールをくらい、キャバクラで大暴れするなど、どうしようもない部分も見てきたが、俺はこの笠氏をリスペクトしている。新宿スプレー事件の時に動かなかった俺と違い、室岡氏と組んで在特会などから青年を庇ったのだ。そう、この二人が中心となって騒動を起こしまくった団体こそがナショナルフロントである。

室岡氏も笠氏もれっきとした右翼である。今まで在特会には左翼によるカウンターは良くあったのだが右翼陣営からはなかった。それが衝撃的だった。

これには在特会も驚いたのだ。アンチ在特会の間でも瞬く間に話題になった。強面の男たちに絡まれるのを恐れている差別主義者たちは少なくなかった。

だが、人間的には滅茶苦茶であった。笠氏と室岡氏は、いつ逮捕されてもいいような破滅的な狂気を帯びていた。実際、そういう考えでやっていた。毎晩どこからか金を調達してキャバクラで遊ぶ。札束に火を点けて葉巻を吸う。喧嘩をして無銭飲食。警察沙汰は日常茶飯事。

「おはヨーグルト！」

「またですか。笠さん」

笠氏が、お世話になった警察署からふざけて電話をかけてきたことは数え切れないぐらいだ。大抵、電話越しには室岡氏の笑い声も聞こえる。公安も困っていたことだろう。

私生活もアウトロー。理論理屈じゃなくて、実力行使で在特会を黙らせる。ありとあらゆるところから活動資金を引っ張ってくる。善悪など抜きに、やられたらやり返すを行動の基本とする不良の論理。

そのナショナルフロントは、差別主義者たちの中心メンバーに対し宣戦布告文を出した。二〇一〇年二月の東京・文京区民センター。差別主義者でハンドルネーム「よーめん」を名乗る男によるイベントを妨害しようと計画する。よーめんは自分で親衛隊なる武装組織を結成しているミリタリーオタクだ。在特会の会員でもあった。

文京区民センター前には警戒した多くの警備がいた。そのただ中に室岡氏と笠氏は押しかけて血まみれの大暴れを繰り広げた。

よーめんのブログで統一戦線義勇軍は敵組織だみたいに書かれていたので、俺も単身乗り込み抗議をした。

室岡氏の派手な暴れっぷりのおかげで、警備の合間をすり抜けて文京区民センターの中へ入れた。偶然だった。

階段を上がる。オールバックのスーツ姿の男がいた。俺の顔を見て動揺した。おそらく、よーめんに間違いない。周りには取り巻きも沢山いた。

よーめんに近付く。無理だろうと予想していたが、うまくダイレクトに接触することに成功したのだ。

「お前がよーめんか?」

「そうですけど。お前とはあなた失礼ですね」

「てめえが失礼だろ。ブログで義勇軍のこと勝手に載せただろ?」

すると、統一戦線義勇軍で供に活動した金友がよーめんの後ろから出てきた。

「まあまあ山口。抑えてよ」

「こいつがふざけたことしてるんだ。こんな集まりにいて恥ずかしくないのか?」

「そんなに怒るなよ。もういいじゃないか。飲みにでも行こう」

「話してるんだ。黙ってろ」

金友が俺を会場から出させようとしているのが分かった。しかしここまできたからには、よーめんを追い詰めないわけにはいかない。

「何とか言えこら」

「はあ」

「おい、謝れ」

「それは悪かった」

よーめんは場の凍りついた空気もあったかもしれないが、すぐに頭を下げて一応の謝罪をした。どうもその丁寧な態度が、不良の気配を匂わせた。ただのミリタリーオタクではない。

「二度とふざけたことはするな」

「はい」

その場はそれで収まったのだが、後日よーめんはブログで自分が日本最大の右翼団体構成員だと声明を出した。「やはり」と思ったが、どうでもいい。こっちはそんな肩書だからって引きはしない。最初から覚悟の上でやっている。どんな人間だろうと差別をするのは許されない。その後もお構いなしでよーめんを糾弾した。

ネトウヨの巣窟へ

有門大輔はNPO法人「外国人犯罪追放運動」の理事長である。在特会の会員であり、後で詳しく記すがネット右翼で有名な瀬戸弘幸の弟子である。おとなしそうな気弱な外見の地味な中年である。しかし、ブログの記事では激しい批判を書き、憎悪を外国人や敵対勢力に向ける。表と裏の姿が違うというネット右翼の特徴的な性格だ。

もともとは先述した維新政党新風の会員であった。しかし、新風の外国人排他運動は手ぬるいとして脱退。その後は人種差別主義を前面に出し、在特会の活動を初期から支えてきた人間である。

この有門大輔。あることないことをネットで書くのが習性になっている。敵対勢力のことはすぐにブログで「朝鮮人認定」。俺の仲間たちも「在日朝鮮人」や「残留孤児」などというデマを流されている。

文京区民センターでよーめんを謝罪させた時に近くに有門もいたらしい。その場では何も言わないくせに、ブログには俺のことを「ナショナルフロントの助っ人でシナマフィアだ」とか意味不明な記事をアップしていた。とんでもないでたらめだ。

しかも俺の名前を出さずに、ただ「青年」と記していた。陰湿である。

すぐさま有門の携帯番号を調べて電話をかける。

「もしもし、山口祐二郎ですけど」

「あ、はじめまして。こんにちは」

丁寧な態度だ。

「ブログの件なんですけど」

さっそく文句を言う。すると、話をはぐらかす。

「あれは違いますよ。山口君」

そう言って誤魔化そうとする。だが、こっちは問い詰める。すると電話を切られてしまった。慌てているのが丸分かりだった。再び電話をかける。

「嘘ついてますよね？　ふざけた記事を消さないんですか？」

「違うんですけど」

「なめてるんですか？　直接会って話しません？」

「分かりました。でも違いますからね。消せと言われても……」

「んなわけないだろうが。面倒臭いから面と向かって会話しましょうよ」

「しつこいですね。では、上野に事務所があるので来て下さい」

「てめえのせいだろうが。じゃあ明日行きますから。正午ぐらい」

「了解です。でも山口君のことじゃないですからね」

「うるせえよ」

「でも、一度お会いしたかったんです。食事でもしましょう」

「はいよ」

　電話を終えた。

　翌日。待ち合わせ時刻より三時間遅れて上野駅に着いた。前の晩にナショナルフロントのメンバーたちと飲み過ぎていたのが原因だ。二日酔いが辛かった。しかし、もとはといえば有門が原因でわざわざ会いに行かなければならないのだ。待たせておけばいいと思った。

　有門に連絡する。もちろん遅刻していることなどこちらは気にしない。

「着きましたよ」

「迎えに行きますね」

　本人が迎えに来た。待たせていたのに不平も言わない。実は有門がこの後、用があるのを俺は知っていた。それなのに文句一つ言わないのだ。

「用事大丈夫ですか？」

　嫌みを言った。ここでの返事で俺の対応も変わる。

「大丈夫ですよ。こっちのほうが大事ですから」

その真摯さが気にくわなかった。こいつに排外主義者の根性はあるのか。敵対している俺に、どうしてそんなに下手に出るのか。安全圏で外国人を罵るだけなのか。ネットで日本人を外国人だとか書いて嘘をつくだけなのか。何だか馬鹿らしくなってきた。

まずは事務所に案内される。とても小さな事務所だった。お世辞にも綺麗とは言えない。ソファーに座る。お茶を出された。端に毛布がある。有門はここで寝ているのだろうか。

「こんにちは。ご迷惑おかけしてます。ゆっくりしていってください」

「こんにちは」

有門の師匠、瀬戸もいて挨拶をしてくれた。何やらダンボールの中をガサガサ触っている。一時期ネットを賑わせた、噂のナノゼリーなどの健康食品を整理しているのだろうか。確証はない。

ナノゼリーを知らない人は、ネットでぜひとも検索してほしい。瀬戸が一時期売って資金を作ろうとした、ナノテクノロジーを使用して作ったと称する怪しいゼリーのことである。

しかし、ナノゼリーの話を聞きにきたわけではない。有門を叱りにきたのだ。私闘なのだが、よーめんの件も含めて在特会へのけん制の意味もあった。

「でね、有門さんの記事に書いてあった青年って俺のことですよね？　嘘つかないでいいですから」

「いや……」

「で、あの記事どうしてくれます？」

「削除しますよ。今日中に」

「じゃあすぐに宜しくお願いします」

「すいません」

「いやいや」

「山口君、ご飯でもどうですか？」

「そうですね。忙しいのにどうも」

謝罪を受けて近くの中華料理屋へ案内された。中国人の店員が会釈をする。常連らしい。差別主義者が中華料理屋とは意外だった。

「朝鮮人とシナ人は出て行け！」

などと活動で叫んでいるくせにだ。何たる矛盾。いつもの演説やデモはパフォーマンスなのだろうか。茶番である。もう、馬鹿らしくなった。

「山口君の噂は聞いてますよ。ご存知のように朝鮮やシナは日本を侵略しようとしてます」

「知ってます。だから、俺も韓国大使館や中国大使館に抗議してます。そこは同じですよ」

有門の顔が急に嬉しそうになる。

「海外だったらシナ人や朝鮮人に火炎瓶が飛んでますよ」

「俺はそこらへんに歩いている一般の外国人を襲うなんてことはしません」

「そうですか。よかったら在特会に入りませんか？　もしくはデモなどに一度参加してください。一緒に朝鮮人を追い出しましょう。金友君とも仲良いんですよね？」

「入るわけないでしょ。俺はあんな活動には賛同しません。気分悪いからやめてくれません？　俺は政治問題抜きで朝鮮人や中国人の友だちいますし」

「残念です……」

有門は納得いかないような表情をして黙った。

俺はくだらなすぎて、早く帰りたくなっていた。

「時間大丈夫ですか？」

「そろそろ……」

結局、カネは有門が支払った。つまらない話をして、ご飯を奢らせて帰ったという感じでしかなかった。凄く無駄な時間に思えた。

約束通り、当日中に記事は訂正されていた。だがその後、有門は約束を平気で破り、ブログで俺に対する誹謗中傷を続けている。

現在は連絡をしても返事はこない。

瀬戸弘幸襲撃事件

二〇一〇年三月。室岡氏らのナショナルフロントが、今度は上野で襲撃事件を起した。ネット右翼として有名な瀬戸弘幸を襲撃したのだ。瀬戸は統一戦線義勇軍の創設に参画した人間で、つまり昔はごりごりの既成右翼の人間で、俺の先輩でもあったのだ。俺が統一戦線義勇軍に入るずっと前の話ではあるが。

統一戦線義勇軍を辞めた理由や既存の右翼運動を離れた真相は詳しくは分からない。統一戦線義勇軍内で起きたスパイ粛清事件をきっかけに、団体を離れたとも言われる。

その後は維新政党新風に所属し副代表まで務めたが、これも脱退。在特会などの差別集団と行動を共にして中心メンバーとして活動している。

瀬戸はネット右翼から絶大な人気がある。ブログの「日本よ何処へ」は政治部門でいつも上位にランキングされている。

瀬戸は、在特会会員などの間ではヒーローだった。既存右翼を批判し外国人排他を前面に出す運動を推し進めた。

何で飯を食っているかは謎。かつては、総会屋のようなことをしていたとも聞く。いまも「ナノゼリー」なる怪しげな食品を売りさばいているとネットで話題になった。収入源は多々あるらしいが、デモに参加している若い人間たちを、安い給料で働かせている噂さえ聞いたことがあった。

そんなある意味の重鎮を、ナショナルフロントが放っておくはずがない。新宿スプレー事件についてもナショナルフロントが高校生の青年にやらせたというデマを流していた。そういった事実は、一切ないのにである。

笠氏はもちろん、室岡氏も頭にきていた。電話にはろくに出ないくせにネット上ではイキがる瀬戸への怒りは頂点に達し呼び出したのだ。

「駅に来い」

瀬戸のほかに有門、そして仲間らしき男。三人はナショナルフロントに呼び出されて、上野駅前に到着した。

ナショナルフロントも三名。笠氏と秘書の若い男がタクシーに乗っている。室岡氏だけが車から降りて相対した。

室岡氏は飲んでいた。いつものようにジャックダニエルをストレートで大量摂取していたのだ。瓶を道路に叩きつける。

「車に乗れ！」

「乗らない」

「乗れ！」

「乗らない」

押し門答が続く。

「素面の時に出直せ！」

「ぶっとばしてやる！」

室岡氏と瀬戸が揉み合いになる。有門ともう一人の仲間が制止する。三対一の闘いだ。

「売国奴は天誅だ！」

笠氏が葉巻を吸いながら、タクシーの中から物騒な言葉で煽る。酒を飲んで、どんな相手でも喧嘩をする。それがナショナルフロントだった。

もちろん室岡氏のほうが喧嘩は強い。瀬戸や有門など、三人相手でも話にならない。

なんと室岡氏は瀬戸をタクシーに押し込もうとする。そう、瀬戸を拉致しようとしたのだ。

しかし、タクシー運転手は驚きとまどう。瀬戸も抵抗する。また、そんな人をさらうのが上手くいくはずはない。結局、無理矢理に押し込めようとしてタクシーの窓ガラスが割れた。大騒ぎになる。

サイレンとともに警察が駆けつけた。すぐに通報が入っていたらしい。喧嘩を止められる。

こうして、上野署で全員が事情聴取をされるが、なぜか室岡氏だけが逮捕拘留されてしまったのだ。

瀬戸や有門は、室岡氏が捕まっているのをいいことにここぞとばかり誹謗中傷をブログに書き散らした。現場でのやり取りを自分らの都合のいいように捏造をした。逮捕者には口のないことをいいことにだ。奴らの得意技だ。

笠氏はこれに激怒。そして現場にはいなかったのだが俺も有門に電話して「ふざけたマネしてんじゃねぇぞ！」と恫喝した。有門は「以後、気をつけます」的に謝罪した。

だがそれでも納得しない笠氏。闘いには金が必要である。室岡氏が獄中のため、資金を集めようと色々と必死に笠氏は駆け回った。

ところが、資金援助をしたいという人に会うため地方に出かけた際、いつものように酔って暴れたところ、タイミング悪く逮捕されてしまう。中心メンバー二人が獄中に入ってしまったのだ。

瀬戸と抗争状態であったたが、この後、某大物新右翼の命によりナショナルフロントは挙げた拳を抑えることになる。

俺は、差別主義者たちに怒りの制裁をした室岡氏を支持している。真の漢《おとこ》だ。それに比べてあの時の俺は情けない。室岡氏のように身を削って闘わなかったのを後悔している。

『ザ・コーヴ』上映妨害騒動

ナショナルフロントと瀬戸らの抗争が終わり、少し落ち着いたと思ったらまた一騒動が起こる。同じく二〇一〇年。『ザ・コーヴ』という和歌山県太地町のイルカ漁を批判したドキュメンタリー映画を巡る騒動だ。

この映画を在特会だけではなく、多くの右翼団体が問題視した。理由はアメリカに本部を置く反捕鯨団体「シーシェパード」が資金を出して作らせたからだ。シーシェパードが、太地町のイルカ漁を非難し日本の伝統文化を破壊しようとしているとの解釈だ。

連日、映画館には抗議の電話が相次ぎ右翼が街宣をかける。上映中止になることもあったし、また上映を敢行する映画館にはさらなる抗議が寄せられた。

しかし言論の自由、表現の自由を守るために右翼でも上映賛成派の男がいた。「一水会」の鈴木邦男顧問である。田原総一郎氏が司会の『朝まで生テレビ』やメディアにも多く出演をする新右翼のカリスマである。

「映画を見てから反論すればいい。そうじゃないと愛国者側も愛国的な映画を製作できなくなる」

「あの大物、鈴木邦男がいる」

上映館に押しかけた右翼団体が困惑する。

だが、お構いなしのグループがあった。それが西村修平氏の「主権回復を目指す会」だ。映画館前で激しい罵り合いや取っ組み合いが始まった。そんな中で揉み合いの際に鈴木顧問がマイクで殴られる事件が起こる。しかし、鈴木顧問は被害届を出さない。

学生運動の時代から数十年も左翼グループとやり合ってきただけに殴られたことなんて全く気にしていなかった。だが、鈴木顧問を慕う若い者たちが黙っていない。もちろん俺もそういう気持ちだった。

「やっちゃいますよ」

威勢の良い若い衆が、主権回復を目指す会に抗議をする。結局、西村代表が右翼の大物を間に挟み、鈴木顧問に対し謝罪をして和解をした。

『ザ・コーヴ』は、この一連の騒動によってメディアが取り上げネットでも広く知られる作品になった。太地町の漁師たちも映画の件はさほど気にしていなかった。なぜなら、この『ザ・コーヴ』を観て太地町に鯨を食べに来る人が増えたのだという。実際に売り上げが上がっているのだ。むしろ太地町の捕鯨に反捕鯨映画は貢献してしまっているのが面白い。

抗議をしている者たちからすれば、皮肉なことである。

しかし、そんなこと関係無しに差別主義者たちは単細胞的な活動を展開した。
そして、コーヴの件は上映期間が終わるにつれて騒動は収まっていったのだ。

第2章

邂逅

見境なきレイシストたち

右翼VSウヨク

二〇一〇年八月三日。ついに既存右翼と在特会などの差別主義者たちとの確執をテーマにしたイベントが開催された。会場は新宿・歌舞伎町のど真ん中にあるロフトプラスワン。タイトルは「右翼VSウヨク」。主催は「サムライの会」で、主催者は「日新報道」の倉内慎哉。

登壇者は、右翼側からは統一戦線義勇軍の針谷大輔議長と「大悲会」の志村馨会長代行。ウヨク側は在特会会長の桜井誠と「日本を護る市民の会（日護会）」代表の黒田大輔。

第一部はサムライの会の司会者と、桜井、黒田。第二部は司会者と、針谷議長、志村会長代行。第三部は登壇者全員というタイムテーブルだ。

俺は当初から、話し合いにならないと思っていた。

「うちらは周りをなだめる感じでいよう」

針谷議長にもそう言われていた。在特会は右翼活動の先輩に対する礼儀など持ち合わせていないし、会話が噛み合わないで喧嘩になるだろう。予想できていた。

イベント当日。一〇〇人ほど入れる会場は超満員。内容や登壇者もそうだが客席の面子を見ても騒動が起きないわけがない。かのナショナルフロントのコマンダー室岡氏もいた。俺も統一戦線義勇軍のメンバーたちといた。

会場には在特会を支持する差別主義者たちも大勢集まっていた。

「右翼怖ーい」

そんなことをつぶやきながら奴らはパソコンを開く。ネットのニコニコ生放送などで俺たちの誹謗中傷をしているらしい。目の前にいる人間に直接言わないで、ネット上で批判をする。その姿は異様だ。

第一部。桜井や黒田は来ないという噂もあったが姿を現した。ステージに出た瞬間、室岡氏が口を開いた。

「久しぶりだな。桜井」

ブーイングが起きる。在特会や日護会の会員たちが騒ぎ出す。客席で罵り合いが始まる。早くも波乱の雰囲気だ。

司会者が黒田に活動内容を聞く。創価学会に反対している云々を語る黒田。つまらない。こんな話を黙って聞くために来たわけではない。会場には痺れを切らした空気がプンプン漂う。

「話が面白くねえぞ！」

「うるせえよ！」

「帰れ！」

野次が飛び交う。俺は針谷議長に暴れるなと厳しく忠告されていたので黙っていた。

会場からハンドルネーム「横拳」こと永島研二氏が意見をする。永島氏は以前から在特会のデモにカウンターを仕掛けてきた人物である。『ザ・コーヴ』の件でも抗議をする者たちから、室岡氏と二人で映画館前で相対して守っていたのだ。

「人が話をしてるんだから黙れ！」

「こんな話を聞きにきたわけではない！」

それは当然の発言である。俺もそう思っていたし会場にいる右翼側の心を代弁してくれたのだ。黒田の活動話など興味はない。右翼側の拍手喝采と、ウヨク側の罵詈雑言で会場が湧く。

ここでやっと曇り顔の桜井が口を開く。

「本当に品がない連中でしょ！」

この発言に右翼側は激怒。桜井に野次が浴びせられる。

「私ね、正直言ってね。ここに来るのあんまり好きじゃないんですよ。あんたらがやればいいんだよ。客を楽しませてみろ。でもね、今日はね、黒田さんの出版した本の記念イベントなんだよ。その人のイベントを邪魔するつもりだったら、金返すから帰れよ！」

意味不明だった。あらゆるサイトに載せられたイベント告知からしても黒田の出版記念イベントではない。これに気づいていないとしたら相当な馬鹿である。桜井はよく嘘をつくので虚言かもしれない。

「そんなイベントだって聞いてねえよ！」

「左翼を叩き出せ！　ゴキブリ左翼を叩き出せ！　帰れ！　帰れ！」

ホンモノの右翼に対して、「左翼は帰れ」とののしる意味が分からない。会場のあらゆる場所から怒鳴り声が聞こえる。

「出版記念イベントだなんて聞いてない！　主催側から説明頂きたい！　納得いかない！」

イベントのテーマや内容がよく分からない感じになっている。主催者の倉内は責められて当然だ。しぶしぶマイクを持つ。

「あー、すいません。こっちにふられると思いませんでした。その、いや、ですね……。しかし当初はうちが出した黒田君の出版記念として桜井さんには声をかけたんですよね……。桜井さんも蓋を開けたらびっくりして騙されたんじゃないかなと思っているんじゃないですか。申しわけありません」

これには会場からは大ブーイング。

「そういう話だったら帰れとか言うのは失礼だ！」

「人のイベントでギャーギャー騒ぐほうが失礼だろうよ！　さっさと帰れ！」

「ふざけんな！　この野郎！」

「ゴキブリを叩き出せ！　蛆虫を叩き出せ！」

「お前！　俺がゴキブリっていうのはどういうことだ！」

「帰れ！」

「てめえらが帰れ！」

言い争いが続く。

混乱を抑えるために針谷議長がステージに上がる。マイクを持つ。

「熱くなるのはいいんだけど！　ここに来る前に弁護士の方に相談していて、ゴキブリというのは特定した人に言ったら犯罪なんで！　勝てますから！　訴えたきゃ用意しますから！　他の人も話を聞きたいんだから、ある程度話をしてからやったほうが良いと思います！」

これには桜井も困惑して押し黙る。永島氏もそれで矛を収めた。だが、ここで一人の男が立ち上がった。

「鈴木邦男です。自分の気にくわない意見だからって人間をゴキブリとか蛆虫だとか言わないですよ。どんなに悔しくてもです。もうみんな、上がっちゃいなよ」

一水会の鈴木顧問の言葉で尚さら荒れる。ヒートアップする会場の人間たち。

「鈴木顧問、討論会ですから穏便にお願いします」

針谷議長に乱闘になりそうだったら抑えるように言われていた。しょうがなく止めに入るが俺の言うことなんて聞いてくれるはずがない。逆に鈴木顧問に叱られた。

「針谷君上がっちゃいなよ！　みんな騙されたと思っているんだから！　右翼VSウヨクでやれよ！　誰も出版記念イベントだと思って来てないんだから！」

会場は大荒れだ。困惑する主催者の倉内。

「だいたい、人間をゴキブリ呼ばわりする人間が愛国者なわけがない！」

室岡氏まで怒りの導火線に火が点き大暴れをしだしてしまう。

「頭にきたな！」

鈴木顧問がステージに乱入。これはもう収拾がつかない状態だ。

「暴力行為に及んだお客様が出た場合、退場処分にさせて頂きます。そしてイベントを終了とさせて貰いますので宜しくお願いいたします」

昔から殴り合いなどトラブルの多いロフトプラスワン。警告の放送が流れ、緊迫した空気になった。

しまいには針谷議長もぶち切れた。

「すいません。これで、第一部をこれで終了します。休憩入ります！　ステージの電気落として！　続きは第二部で！」

こうして、第一部は終了をした。

桜井の謝罪

第一部が終了しても怒号が飛び交う会場。室岡氏は桜井を叱りまくる。俺は黒田に話しかけた。勝手に日護会の会員が無断でビデオ撮影をしていたからだ。人の顔を撮るのなら一声かけるのが礼儀だろう。

「会員が撮影してるんだけど」

「あ、はい。ねえ、あずにゃん。カメラ回さないで」

黒田が注意をしても全く聞かない太った女性。構わず撮影し続ける。

「やめないじゃん。どうするの？」

「主催者に言って」

「ふざけんなよこら」

話をはぐらかすので怒った。黒田も不愉快な顔をする。

「おい！　黒田！　何言ってんだお前は！」

「俺に言うなって！　肖像権を気にするんならきちんと手続きを踏んでこい！」

「なめてんじゃねえぞ黒田！　おい！　黒田！」

激しい言い合いになる。会場も大混乱。休憩時間だが至る所で小競り合いが起きる。

　桜井が楽屋に戻ろうとする。黒田もそれを見て一緒に行こうとした。俺はすぐに気付いた。その隙を見逃さなかった。

「ちょっと待て！　逃げるんじゃねえ！」

　だが、黒田は無視して楽屋に戻る。こいつらは人を馬鹿にしすぎだ。俺は登壇者ではないのに、撮影許可を取らない。注意をしても謝罪もできない。盗撮をしているのに開き直るのだ。

「黒田！」

　俺は楽屋に入り、黒田に詰め寄る。ロフトのスタッフや双方の仲間たちも心配して見ている。座ってうつむく黒田。隣にいる桜井も困った顔をして無言だ。さっきまであんなに威勢が良かったくせに、カメラがない楽屋では態度が全然違う。

「何とか言えこら！」

　相変わらず反応しない黒田。それに堪りかねたのか、桜井が間に入ろうとした。

「まあまあ、もういいじゃないですか」

「何がいいんだ馬鹿野郎！　盗撮されて黙ってろって言うんか！　黒田！　謝れ！」

「私が謝りますから！　すいませんでした！」

　桜井が謝罪する。

「黒田！　桜井は謝ってんぞ！　お前も謝れ！」

　黒田がいきなり立つ。俺を睨みつけてきた。何か不気味な目付きをしている。それは不良とは違った独特のものだった。

「黒田！　謝れ！」

「主催者に言えよ。うるせえな」

　黒田が開き直る。

「黒田さん。謝って収めようよ。すいません」

　桜井がなだめるが、黒田は言うことを聞かない。

「黒田！　ふざけんじゃねえ！　謝れ！」

　俺は許せなかった。

「山口やめろ！　こんな奴ら相手にすんな！」

　しかし、針谷議長に怒られてひっぱたかれた。しぶしぶ謝らせるのを諦めるしかなかった。俺が執行猶予中なのもあって、針谷議長はもちろん、統一戦線義勇軍の仲間たちは心配してくれたのだ。俺は仲間に羽交い締めにされ、おとなしくするしかなかった。

　だが、第二部の右翼側の討論。ウヨク側がヤジを飛ばすことなく一部とは全然違う雰囲気になった。奇妙なぐらい静かであった。

　そして、第三部は全員。登壇者同士の口論はなかったが、客席で両陣営のバトルが勃発。

「国会議事堂に一人で突っ込んでも何も変わらない。自己満足のオナニーですよ。十万人を集めて囲んでから突っこんでください」

ウヨク側の人間がそう言ったことで、会場は大乱闘になる。最後は暴力沙汰になり、ついには通報を受けた警察まで駆けつける事態になり終了した。

イベント後、俺は主催者の倉内に丁寧な謝罪をしてもらった。けれども、誠意を感じられなかった。あえて喧嘩をさせるようなセッティングをしたとしか思えない、非常に腹立たしい討論会であった。

宗教団体と日護会

ロフトプラスワンでのイベントが終わったが、どうしても俺の怒りは収まらなかった。やはり黒田大輔たち日護会(日本を護る市民の会)は盗撮した動画をネットにアップしていた。

さっそく、ブログに抗議文を載せ黒田に電話するが、謝罪どころか面会も拒否する。おまけに訴訟を匂わせるメールまで送ってきた。

そして驚いたのが、日護会の背後にいた団体が出てきた。宗教団体の「妙観講」

だった。妙観講は、日蓮正宗総本山大石寺の信徒組織のひとつで、東京・西荻窪に本部がある。

何を勘違いしたのだろうか。なぜか一水会の木村三浩代表に黒田が妙観講の信徒を数人連れて会いに行ったのだ。内容は俺を止めて欲しいとのお願いだったみたいである。ようは木村代表に間に入って貰おうとしたのだ。

確かに、そこは目の付け所が良い。俺は統一戦線義勇軍のメンバー。初代のトップ、つまりは針谷議長の先代が木村代表なのだ。本当に尊敬している方である。木村代表に言われたら俺は間違いなく黒田との闘いをやめただろう。だが、さすがの一水会代表。そんな筋の通らない話は断ってくれたらしい。俺の気持ちを汲んでくれたのだろう。ありがたいことである。

しかし、妙観講はどうして黒田の肩を持つのか。俺が考えるに創価学会と対立する宗教団体であるからだと思われる。黒田はよく出入りをしており、妙観講の信者みたいなものであったらしい。ネットで調べてもそういった情報がわんさか出てくる。

黒田に電話でそれを聞くと、誤魔化す返事をする。曖昧にしていると感じた。けれども、妙観講の信徒たちと黒田が、一水会の木村代表にお願いをしに会いに行っているのは事実なのだ。俺はそれを匂わす文章をブログにアップした。下手に何かを晒してしまうとすぐに訴えられるので、うまくオブラートに包みながら情報戦を仕掛けたのである。

だが、相手はとても強大であった。宗教団体をなめちゃいけない。メンバー一〇数人の右翼団体などとは比較にならない程、金はあるし人数もいる。妙観講は公称二万人の信徒がいるとされる組織。おとなしそうな信者たちでも信仰心から絶大なパワーを発揮する。

そのせいか分からないが、俺はすぐに住所を割られた。情報収集能力も尋常ではない。黒田は行政書士でもあり、訴訟をにおわせ、電話をしていても録音をしている様子が察せられた。

面会を拒否されいつでも警察に駆け込むような態度は、不良相手の喧嘩と違って本当にやり辛くて仕方がなかった。油断はできず気を抜くことが許されなかった。

さらには揉める原因となったイベントを主催した、日新報道の倉内から連絡が入る。

「もう、黒田を攻めないで欲しい。これだけすれば山口さんの顔も立つじゃないか」

「関係ないよ」

「失礼かもしれないけど、怒らないでくれ。はっきり言って組織力でも力が違いすぎる」

「知ってるよ」

「なら話は早い。私もやられたんだよ。しめられたんだ。妙観講の人間たちに」

「へー。またなんで？」

「当たり前だろ。黒田君の出版記念イベントはメチャクチャだったじゃないか。会場に妙観講の幹部連中もいたんだ。おまけにいまだにトラぶっていて妙観講の名前がバンバン出てきてしまっているじゃないか。私の立場がないだろう」

「良い情報ありがとう」

「勘弁してくれよ。山口さん」

倉内の話を聞き、すぐに抗議文を作成し西荻窪にある妙観講本部を訪問した。アポ無しの抗議である。どれだけ妙観講と日護会や日新報道が深い関係かは分からないが話をしたかった。

受付で静かに問い詰める。当然、妙観講の人間は何のことだか分からなそうにシラをきる。が、それには騙されず徹底的に追求をする。しかし、頑なに関係を認めない。対応した人間は、上の連中に連絡を取ったりしているようだが、嘘っぽい仕草であった。

だが話し合いをしていくと最後には日新報道や黒田と交流があることは認めた。そして、関係者である黒田への怒りの抗議声明、そして責任がある妙観講への抗議文を手交し引き上げた。

その後も色々あったのだが、上手く話はまとまり俺と黒田は和解した。だが、それ以後の黒田は大変そうであった。日護会の副代表と喧嘩になり離反。さらに在特会の桜井とも喧嘩。在特会会員を誹謗中傷した件で逮捕されたりまでした。

徐々に差別主義者たちとは一線を画すようになった。その後は新宿区議会議員選挙と東京都議会議員選挙に出馬。落選するも骨のある創価学会への抗議活動を展開している。

ついに逮捕された差別主義者

ロフトプラスワンの大荒れのイベントのすぐ後。二〇一〇年八月一〇日。ついに在特会の会員四人が逮捕された。今までやりたい放題できていたのが不思議なのだ。逮捕されるのが当たり前である。

罪状は京都朝鮮学校に対しての威力業務妨害罪である。授業中の子供たちに対し校門に押し寄せて拡声器を用いて大爆音で酷い言葉を吐き続けたのだから、当然といえば当然だ。

既存右翼からも、この逮捕に反発したり同情する声は全然聞かなかった。例え、北朝鮮の政権を敵視しようが、子供を脅かすやり方があまりにもえげつないからである。

「あいつらがやっていることは弱い者いじめだ。右翼ってのは強い敵に立ち向かうんだ」

そう、皆が口を揃えるように言った。俺も同感だった。

だが、在特会は違った。逮捕された四人を勇士と称して全面的に行動に賛同したのだ。俺と一緒に右翼活動をしてきた金友隆幸もそうだった。

「政治のことを分からない子供に、汚い言葉を浴びせるのが愛国者なのかよ？」

「朝鮮人に対しては、それぐらいやらないといけない」

俺や周りがいくら批判をしても、反省する様子はなかった。むしろ世間の支持を自分たちが得ているような発言をする。たしかに、事実としてこの一件で在特会へのカンパは多くなり会員は増えたのだ。

逮捕された四人を英雄とする在特会会長の桜井誠。

「逮捕されるいわれは全くない。我々は徹底して闘う。彼らがやったことは一つも間違っていない」

報道のインタビューでも、そう堂々と発言をした
「朝鮮人はウンコでも食っとけ！」

そんな暴言を大声でわめき散らしたチーム関西の四名を賛美して祀り上げていることが、どうしても俺には理解できなかった。

さらに、その一カ月後の二〇一〇年九月。徳島でも在特会会員たちが逮捕された。これは、徳島県教職員組合の事務所に侵入したことによるものだ。チーム関西のメンバーを含む在特会会員など七名であり、京都朝鮮学校の件で逮捕された者も含まれる。

この徳島事件は、二〇一〇年四月一四日に起きた。七名が徳島県教育会館前に集まり抗議の街宣をしたのだ。

街宣をかけた理由は、徳島県教組が愛媛県松山市にある四国朝鮮学校に寄付をしたのが発端である。徳島県教組の上部団体の日本教職員組合が、子供の貧困対策を名目に募金活動を実施。総額で約一億七〇〇〇万円が集まった。

そのうち一部が、各県教組を通じて朝鮮学校に渡っていたのである。徳島県教組は四国朝鮮学校に一五〇万円寄付していたのだ。

これに在特会は激怒をしたのだ。募金が朝鮮学校に流れているのは許せないということだ。

「募金詐欺の日教組を許すな！」

などと演説をする。途中まではよくある抗議活動を展開していた。しかし、衝動的にだったのか計画的にだったのかは分からないが、突如に二階の徳島県教組事務所へ侵入したのだ。

日の丸とトラメガを持った在特会会員たちが騒ぐ。

「朝鮮の犬！」

驚く徳島県教組の女性職員。すぐに警察に連絡をしようとするが、電話を取り上げて叫ぶ在特会会員たち。

「非国民！　腹を切れ！」

女性職員を集団で罵る。通報を受けた警察が駆けつけたが、それでもまだ叫び続ける。

「拉致被害者を返せ！」

約二〇分間、徳島県教組内で抗議をして引き上げていった。普通なら間違いなく建造物侵入で現行犯逮捕されているはず。だが警察はなぜか逮捕をしなかった。徳島県教組は事件の一週間後に建造物侵入と威力業務妨害で刑事告訴をした。しかし、七人が逮捕されたのは、なんと約五カ月後だった。

この京都朝鮮学校事件と徳島県教組事件。二つの事件の一連の流れについて思うのは、これまで放置していた警察が、この時期から在特会を厳しく取り締まるようになったことだ。

しかし一連の事件と在特会関係者の逮捕の後も、桜井会長は微塵も反省しない声明を出した。

「これまでタブー視され放置されてきた社会の癌を取り除くため、全国の会員の皆様と協力をして行動する保守運動を展開して参りたいと思います」

現実を歪めてまで活動をしていく在特会。だが、逮捕者を出すことで、自らの行動を振り返り反省する者たちも出てくると信じていた。金友もそんなに心の根っこから腐っていないだろう。俺はそう思っていた。

黒い彗星チェ☆ゲバルト

だが、俺の予想に反し差別主義者たちの勢いは収まらなかった。二〇一〇年一〇月の秋葉原で開催された排外主義デモには二〇〇名あまりが参加。同年一月の五〇〇人の動員数には及ばないものの、なかなかの人数だ。

さらには同じ年の一二月四日に渋谷で開催された朝鮮学校の無償化に抗議するデモにも一五〇名程度集まっていた。ここで事件が起きた。

デパートのマルイシティ渋谷店前で、一人の男が道路に飛び出し、差別主義デモの前に立ち塞がる。まさに突撃であった。それも非暴力で単身の抗議である。

その男はチェ☆ゲバルト氏。ネット上では「黒い彗星」というハンドルネームで知られていた。在日コリアンの二〇代後半のイケメンである。容姿はまるで韓流スターのようで、見るからに好青年だ。

しかし、ハートは熱い。ヘイトスピーチの対象にされながら反差別の運動を精力的にしていて、左翼界隈では有名な活動家だ。

黒い彗星という名前の由来は、ネット掲示板の2ちゃんねるで公募したゴキブリの新しい呼び名だという。皆が嫌うゴキブリに、イケてる名前をつけようという話を聞いただけで、チェ☆ゲバルト氏が少数派マイノリティへの偏見と闘う真剣さを感じる。

在特会などによって差別をされてきた当事者である。だからこそ、朝鮮学校などの子供たちへの仕打ちを許せなかったのだろう。

突然の事態に動揺するデモ隊。が、「主権回復を目指す会」の西村代表が突然チェ☆ゲバルト氏に飛びかかったのだ。これに反射的にチェ☆ゲバルト氏が身体をひるがえしたところ西村代表を投げるような形になった。非暴力の抗議であったが、偶然そうなってしまったのである。

その後、デモ隊は集団でチェ☆ゲバルト氏を一斉に取り囲み袋叩きにした。すぐに警察が止める。流血するチェ☆ゲバルト氏。

それなのに、デモ隊側は逮捕をされなかった。それどころか、チェ☆ゲバルト氏だけが暴行罪で逮捕されたのだ。公安にもマークされた反差別の活動家だからか、逮捕の良いネタにされてしまったのかもしれない。

余談だが、運動の経験から、右翼よりも左翼やアナキストの活動家への警察権力の風当たりの方が強いのは明確だ。右翼は警察と仲良くして利用する傾向があるので弾圧されにくい。

東京地検は拘留請求せず、チェ☆ゲバルト氏は二泊三日で釈放されたのだ。しかし、集団暴行をされた側が留置場の中に入れられたのは、理不尽この上ないことである。ネット上の誹謗中傷も凄まじいものがあった。

だが、このチェ☆ゲバルト氏によるたった一人の突撃は、アンチ在特会を標榜する人々の感動を呼んだ。少なくとも俺はその一人だった。

「凄い男だ。単身突撃するなんて。本当は俺らがしなきゃいけないことなのに」

在特会を批判する既存右翼の人間たちは酒の席で口々にそんなこと言った。

チェ☆ゲバルト氏の行動に心打たれたのだ。

チェ☆ゲバルト氏が、事情聴取の際に警察に言ったセリフを俺は忘れない。

「デモが合法でかどうかは問題ではなく、彼らのデモは私にとって許せない。私はマイノリティに対するヘイトスピーチは許さない」

警察の取り調べに、こんなしびれる言葉を話していたらしいのだ。

政治思想的には全く相容れない黒い彗星チェ☆ゲバルト氏だが、だからこそ俺の心に火をつけたのかも知れない。

日本人マイノリティを標的に

しかし、一連の逮捕劇や単身のカウンター行動を受けても、在特会は反省することもなく、活動を先鋭化させていく。ついには在日コリアン以外のターゲットを狙うようになったのだ。

二〇一一年一月二二日。当時在特会副会長で現維新政党新風会員の川東大了が、奈良県御所《ごせ》市にある水平社博物館前で街宣をおこなったのだ。水平社博物館は部落解放同盟の施設だ。

水平社博物館には部落解放同盟の活動の歴史が展示されている。かつてあった身分制度により、差別されて苦しめられてきた人々が人間の平等を訴えてきた涙と怒りが刻まれている施設なのだ。

そこに、川東はカメラマンを引き連れて街宣を始める。どんな時でも撮影カメラマンを連れて行くのが、在特会の特徴である。はじめからネットに流して、その影響を考えて行動をしているのだ。

「おら！　出て来いよエッタども！　ここはドエッタの聖地らしいですな！エッタ博物館！」

川東はトラメガを使用し、水平社に向かって差別用語を大音量で叫んだ。たとえ、部落解放同盟の活動方針に異論があろうとも、同じ日本人に向かって〝ドエッタども〟と蔑むことのどこに〝愛国〟の意思があるのか。

結局、一時間にわたって暴言をわめき続けた川東に対し、水平社博物館は一〇〇〇万円の慰謝料を求める訴訟を起こす。二〇一二年六月二五日。奈良地裁は川東に対し一五〇万円の慰謝料を水平社博物館に支払うよう命じた。

俺はこの事件について、被差別部落出身の右翼の先輩に話を聞いたことがあった。

「マジであいつは殺そうと思った。あの川東が水平社に街宣かけてエッタとか叫んでる動画を観た時に、殺意しか沸かなかった」

殺気に満ちた先輩の顔は、本当に怒りに打ち震えた表情だった。

その後も二〇一二年に芸人の河本準一氏の母親が、生活保護費を不正受給しているとしてメディアが騒いだ時にも、在特会は河本氏が所属する吉本興行を標的に執拗な街宣行動を行った。

在日コリアンかどうか関係なく、日本人に対しても矛先を向けるようになったのだ。

その象徴的な事件が、未曾有の大災害となった「3・11」直後に現れた。

原発推進で暴走する差別主義者たち

二〇一一年三月。東日本大震災が起きた。日本に暮らしていれば、誰もがこの悲劇を味わっているだろう。多大なる犠牲を出した大地震であった。

そして、この大震災でより大きな被害をもたらしたのは原子力発電所事故である。福島第一原発事故の被害は一九八六年に起こった旧ソ連のチェイルブイリ原発事故以上とさえ言われている。

原発の安全神話は崩れ、ずさんな管理体制が明るみになった。特に問題視されたのが東京電力の隠蔽体質。メルトダウンについても、その後の放射性汚染水漏れも、何かある度に隠そうとしていたのだ。

しかし、ネット上のリークにより情報が多く暴露された。

「原発は安全ではない」

現場で働いてきた皆が、口を揃えて話をしていたのが印象に強い。

そして、二〇一一年四月、全国各地で脱原発運動が起こる。何千、何万の市民が原発反対を叫んでデモをしたり抗議活動をする。ほとんどの原発が定期検査のため停止した二〇一二年三月からは、再稼働しないことを求めて官邸前での抗議行動が始まった。

ついには、二〇万人が官邸前を埋め尽くす事態になったのだが、在特会をはじめとする差別主義者たちは、「3・11」をきっかけに強固な原発推進のスタンスを取った。脱原発を訴える人間は反日・左翼だと決め付けた奴らは、脱原発デモにカウンターをするようになる。

最初の事件は二〇一一年九月一一日。新宿で開催された大規模な脱原発デモで起こった。

「反日・左翼は日本から出ていけ！　反日勢力を逮捕しろ！」

「反日・左翼は叩き出せ！　蛆虫を叩き出せ！」

在特会の罵声に対し、デモ参加者の夫婦が怒ってしまった。

差別主義者がデモ隊を煽る様子はネット上の動画にも残っている。それに対してある夫婦が体を張って抗議しようとした次の瞬間、二人は警察官に投げ倒され逮捕されてしまったのだ。公務執行妨害容疑である。あまりにも悲しい光景であった。それなのに関わらず、さらに追い打ちをする。

「おめでとうございます！　犯罪者を射殺しろ！」

「逮捕なんて生ぬるいんだ！　射殺しろ！」

逮捕後も抵抗できないのを分かっていて夫妻を罵倒し続けていた。この後、夫婦は四八時間拘留されて釈放された。

さらにはこの頃から経産省隣に脱原発を訴えるために市民が作ったテント村に向けて、あるいは金曜日の首相官邸前抗議に対して、「電気使うな！　放射能は安全！」「左翼！　人殺し！」等と叫んで妨害しだしたのだ。官邸前で小競り合いが起こり、新右翼の統一戦線義勇軍幹部が公務執行妨害容疑で逮捕される事件もあった。

在特会側は、反原発グループから逮捕者が出たとの情報を拡散し、「反原発は犯罪者ばかりだ」とデマを流しまくるのだ。

挙げ句の果てには、「エッタヒニン！（穢多、非人）　エッタヒニン！」というような信じられないコールまでするのだ。もはや、在日コリアンだけでなく相手は誰でもいいかのようにヘイトスピーチをエスカレートさせていく。

それでもなお、俺が差別主義者に対して明確に「NO！」を突き付けなかったのは、その時期に東電会長宅前や首相官邸前での脱原発ハンガー・ストライキをしていたからだ。統一戦線義勇軍を脱退し、新たに右翼や左翼の垣根を越えて色々と活動する我道会を立ち上げたりして、なにかと個人的に落ち着かなかった。

差別主義者たちに構っている暇などなかったのだ。しかし、それも今となっては言い訳にしか聞こえない。

ネット右翼VS安田浩一

二〇一二年になると、定期点検のため停止していた原発を再稼働させるかどうかが社会的な問題になっていた。俺は首相官邸前で毎週金曜に行われる再稼働に反対する抗議行動に賛同し、五月には同じ場で脱原発を訴えたハンストを敢行した。

その直後に、「主権回復を目指す会」の西村修平代表に声をかけられ、再び文京区民センターで開催されるイベントに登壇することになる。

西村代表は、もともと在特会の桜井会長に「行動する保守」の重要性を説き、在特会が運動を活発化する要因となった人物だが、この頃には桜井を「嘘つきの卑怯者だ」と批判し、在特会とは対立するようになっていた。

また、個人的にも脱原発デモを一緒に歩いたりするなど、つながりがずっとあったのだ。反差別運動の人から見ると極悪人だが、実際に会話をしてみて、俺は不思議と嫌な感情は抱いたことがなかった。

この日、俺はヘロヘロだった。数日前まで七〇時間半も飲まず食わずのハンガー・ストライキを敢行して、意識が朦朧として病院に運ばれた。結果的に脱水症状だけだったが、腎臓や膀胱のダメージが大きく、全然本調子ではなかったのだ。

しかし、無理をして出た。呼ばれたイベントのテーマや相手が誰であれ、きちんと表に立って討論できなければいけないと思うからだ。それはある意味責任だと思うし、他者を批判するのだから面と向かって話し合いをできなければいけないだろう。

イベントのタイトルは、「ネット右翼VS安田浩一」。安田浩一氏は在特会を取材した『ネットと愛国』（講談社）という著書を出し、大きな話題になっていた。それまで、どのマスコミも取り上げなかった「在特会現象」を真正面から取り上げ、桜井会長の出生から学生時代を知る人間たちのインタビューまで描き、二〇一二年には講談社ノンフィクション大賞を受賞する。俺も反差別のスタンスの右翼として登場している。

その著者の安田氏と、彼に取材された在特会の桜井やチーム関西の西村斉氏、そのまた在特会と決裂した西村修平氏、さらに反差別の右翼＝俺というメンバーによる討論会で、四つ巴のような関係だと事前から話題になっていた。

司会をジャーナリストの野村旗守氏にお願いし、元右翼で現在は排害社代表の金友も登壇する予定だった。

しかし、チーム関西の西村氏がイベント前にロート製薬強要事件で逮捕され、さらには桜井が登壇を拒否したのだ。桜井は、そうやって逃げることが多い。俺が主催するイベントにも出演を依頼してきたが、いつも断られた。公の場で討論もできない男が、街頭で「朝鮮人を叩き出せ」などと煽動しているのだ。

イベントは、桜井の欠席が伝えられていたが、それでも会場は満員だった。

まずは安田氏の講演。長くジャーナリストとして活躍されている安田氏だが、意外にもこれが初めての講演だという。しかし、そうとは思えない熱のこもった口調で差別主義者たちを批判し、イベントの幕開けを盛り上げる話をしてくれた。

安田氏の基調講演が終わり、いよいよ討論会である。登壇者全員が席に座る。俺は断食断水ストライキの影響でやはり身体の調子が悪く、意識が朦朧としていた。

各登壇者が自己紹介をする。俺は桜井がイベントなどに誘っても逃げ続けるのを批判した。そして追い込むとすぐに右翼の有名な人物に手打ちをお願いしたり、宗教団体が仲介に出てきたりしたことなどを話した。「俺を倒してから在日特権うんぬんを言え」と口火を切った。

その後も討論会を逃げた桜井の糾弾や、噂される在特会のカンパ横領が話題にのぼった。

イベントが終盤に差し掛かったとき、金友がクソ生意気なことを言った。

「光が当たれば、当然闇も深くなり影が出る。その影を追われているうちが華なんじゃないかなと思うんです。例えば昔だったら安田さんは違うものを追っかけているだろう。二〇年前だったら山口君のような新右翼を追ってたんじゃないかと思うんです。世間の注目が集まって闇を追われているうちが、運動の一つの華じゃないですかね」

カチンときた。こいつは何かを勘違いしている。そもそもメディア出演なら俺のほうが多いくらいだ。それにヘイトスピーチを垂れ流してメディアに取り上げられたところで、どこが愛国活動なのだ。

安田氏がすぐに反論をする。

「金友さんさ。例えば中国人を排撃するだとか、犬と中国人は入るべからずと看板出したり街頭宣伝をして、何を獲得したの？」

「まあ、自分がそれで金を得たとか名声を得たとかありません。ただ、それで社会にここまでやっていいんだと示せればいいんじゃないかと思うんです」

これに対して、安田氏は一九八七年から一九九〇年までの間に起きた朝日新聞への連続テロ事件を持ち出す。「赤報隊事件」と呼ばれ、朝日新聞記者が射殺された。その赤報隊によるテロを支持をするデモを金友がしていることについて、安田氏が問う。

「金友さん。テロで記者を殺された朝日新聞の本社前で赤報隊を賛美するデモをしたのは許せない」

「いや、でも反差別とか言ってる右翼の皆さんも酒を飲むとね、朝日新聞は気にくわないって言うんですよ。記者なんて殺して当然だって。だから赤報隊を支持しますね」

赤報隊事件も、いまの金友と同じで「ここまでやっていい」ことを示したものだ。しかも、金友の場合は、自らの手を汚さずにテロと同じ効果を得ているのだから、一段と無責任だ。

人殺しを賛美し、周囲に殺人を煽る。そのくせ、自分が手を汚す気はない。そのような覚悟なき口舌の徒なのだ。

イベント終了後も居酒屋で、在特会のデモに参加している人たちや金友と一緒に行動している排害社のメンバーと飲んだ。

そこでも、赤報隊を支持するデモをやるのは、俺の感覚じゃ理解できないと伝えた。

「殺された社員の遺族の気持ちとか考えたことある？」

「そんなの関係ないよ。反日分子には死あるのみだ。朝日新聞の社員は殺さないといけない」

金友がまたやりもしないことを話す。

「だから、周りを煽ってないで自分がやれって。安全圏の物言いは良くないぞ」

「できないから、称えるんだよ」

人殺しを煽りながら、自らが行動することは想定しない。
ここに、奴らレイシストの本質があるように思った。

第3章

罵倒

俺をバカにしろ!

「お散歩」と称する嫌がらせ

その後も、原発問題がいっこうに収束しない二〇一二年秋。この頃から、在特会をはじめとする差別主義者たちは、東京都新宿区内の新大久保駅周辺でデモをするようになっていた。理由は、コリアンタウンがあり在日コリアンが多いからだという。

しかし、それは少し違って新大久保のコリアンタウンで働く人たちはニューカマーと言われる一九八〇年以降に来日した韓国人がほとんどである。いわゆる戦時や戦後すぐから日本に住んでいた在日コリアンではないのだ。

一九八三年に中曽根康弘内閣でおこなわれた留学生受け入れ増加政策目標により、ビザ要件が緩和された。それにより結果として外国人労働者の市場開放がなされたのだ。つまり新大久保にいるのは留学生や、仕事に来ている韓国人ばかりなのだ。

ありもしない「在日特権」を糾弾するのが在特会の目的だが、新大久保で働く人の大半は永住資格を持つ在日コリアンですらない。

まずそこから勘違いをしているのだ。それにここ一〇年程の韓流ブームで、韓国料理店、韓流アイドルグッズ店やライブハウス、韓国コスメ店などの店が沢山増えた。その結果、新大久保のコリアンタウンができたのだ。

日本には関東なら新大久保、関西では大阪の鶴橋などいくつもコリアンタウンがある。しかし、コリアンタウンといっても様々なのだ。ニューカマーばかりのコリアンタウン。在日コリアンが多いコリアンタウン。ニューカマーと在日コリアンが混在しているコリアンタウンなどがあるのだ。

そしてコリアンタウンを賑わせているのは、韓国料理を食べに来る客や、韓流ドラマ好きの主婦、「Kポペン」といわれるKポップスのファン（ペンは韓国語でファンという意味）。そう、韓流ブームを盛り上げてきたのは日本人である。

日本人と韓国人が、国家間のいざこざ抜きで文化交流し仲良くしている場所。それが新大久保だ。そんな土地で、在特会は日韓断交デモをやったのだ。

「日韓断交！　韓国粉砕！　日韓断交！　韓国粉砕！」

「朝鮮人は出て行け！　犯罪朝鮮人！　竹島を返せ！」

買い物をしている人々の楽しい時間をぶち壊すデモ隊のコール。街にいる人々にヘイトスピーチをまき散らす。韓国大使館にいる政府要人ならいざ知らず、新大久保にいる韓国人に何の罪があるのだろう。

デモに反対意見を飛ばす人間が現れると、集団で罵声を浴びせる。

「ゴキブリ！」

「蛆虫朝鮮人！」

ちょっと野次を飛ばすだけで、そのように言われてしまう。凄い勢いで掴みかかろうとする者までいるのだ。警察はデモの隊列をはみ出すことを止めるだけだ。人間を乏しめたり存在否定のコールをする行動を、ただ傍観するだけなのだ。

デモが終ってもヘイトクライムはエスカレートする。新大久保のコリアンタウンは、無数の路地が入り組んでいる。そこに二、三〇人程度で無届けデモのようなことをするのだ。この嫌がらせ行為を差別主義者たちは「お散歩」と称した。

「日本人なら朝鮮人の店を利用するなよ！」

「朝鮮人は叩き出せ！　朝鮮人は出ていけ！」

新大久保の狭い道を練り歩きながら、こんなことを叫ぶ。

「うるさい！」

韓国料理店の女性店員が怒って言い返すと、一斉に集団でその女性店員を罵倒する。

「日本で商売させてやっているのをありがたく思えよ！」

「韓国へ帰れ！　韓国人は日本から出ていけ！」

そして、ありとあらゆる店の前で騒ぐ。

「ゴキブリチョンコ出ていけ！」

「朝鮮人は皆殺しだ！」

また、怒った韓国人店員が言い返す。朝鮮人だから殺せなんて言われたら怒って当たり前だ。俺も日本人だから皆殺しだなどと叫ばれたら気にくわない。しかし、差別主義者たちはヘイトスピーチをし続けるのだ。

「泥棒朝鮮人！　対馬の仏像を日本に返せ！」

店員が営業妨害だから静止しようとしても、全く聞く耳を持たない。その上、店員の身体がぶつかったりすると、

「暴行だ！」

大げさに騒ぎ立てる差別主義者たち。何も手を出せない。女性店員を取り囲んでおいて、逆に店員が抵抗すると被害者を装うのだ。

警察は止めようとしない。店に向かって唾を吐いたり看板を蹴ったりしている人間がいるのに逮捕をしないのだ。せいぜいが、なだめる程度。

このようなことをされていれば、店は商売にならない。売り上げは落ちるし、店員も嫌な気持ちになる。買い物をしに来た客などはとても不快な気分になるだろう。

にもかかわらず、「お散歩」を撮影した動画は誇らしげにネット上にアップされ拡散される。「新大久保に行くと、こんな目に遭う」と喧伝されているようで、商店街の人たちも困ってしまった。俺はそれでもまだ、どうしていいか分からなかった。現場に行っても何もできないのではないか。考えれば考える程、動くの

が恐くなった。

こんな状況を変えようとしなかったのが、本当に恥ずかしいし情けないと思う。目の前にある差別を見過ごす者に、真の愛国者を名乗る資格はない。

増長するヘイトスピーチデモ

年が明ける。俺は在特会のことを忘れて、脱原発の活動に励んでいた。元の仲間たちも加わる差別主義者たちに関わりたくない。そう思って逃げていた。

二〇一三年二月九日。また差別主義者たちはいつものように新大久保でデモを開催する。主催は「新社会運動」。代表は桜田修成という男である。在特会界隈でも、発言がもの凄く汚いことで有名だ。

今までで一番酷いヘイトスピーチをするのではないか。不安でしょうがなかった。俺は現場に行こうとしないくせに、そんなことを情けなくも考えていた。そして予想は的中する。

出発地での大久保公園での集会。桜田は挨拶をする。

「朝鮮人は嫌いですか！　蛆虫、ゴキブリ、朝鮮人！」

他の人間たちも挨拶をする。

「まあ、ほんま臭いですね！」

こんなようなことを笑いながら言っているのだ。デモが始まる。

「朝鮮婆！　ブスブスブス！」

「死ね死ね死ね！　朝鮮人！」

デモ隊のあらゆる場所から、大音量でのヘイトスピーチが出る。統一したシュプレヒコールではない。参加者それぞれが拡声器を用い、勝手に好きなことを叫ぶ。

その後、多くのメディアで取り上げられた「良い朝鮮人も悪い朝鮮人もどちらも殺せ」というプラカードが登場したのもこの日だ。

その光景を見て涙を流す若い女性もいた。あまりにも酷いヘイトスピーチに作家の柳美里さんなど著名人も批判をした。

そしてこの日、差別主義者たちの「お散歩」を阻止した男たちがいる。それが野間易通《やすみち》氏が率いる「レイシストをしばき隊」だ。

しばき隊は新大久保で「お散歩」という名の商店街への嫌がらせをしようとしている差別主義者たちをブロックする目的で

『良い朝鮮人も悪い朝鮮人もどちらも殺せ』というプラカードが登場した 2013 年 2 月 9 日のデモ
2013/02/09 Shin-okubo

登場し、実際にデモ後のレイシストを新大久保の商店街に入れさせなかったのである。

デモを終えて、いつものようにコリアンタウンへ嫌がらせをしようとする差別主義者たち。二、三〇人程の集団で叫びながら行進をする。

「日韓断交！　韓国粉砕！」

その時、商店街からストリートファッションの男たちが現れ、在特会一派の前に立ち塞がる。

「うるさい！　道は静かに歩け！」

差別主義者たちを怒鳴りつける。

「韓国人をぶっ殺せ！」

デモ隊の一人が叫んだ。野間氏らが迫り怒る。

「レイシストふざけるなっ！」

「だまれ朝鮮人」

一触即発！差別主義者としばき隊が衝突寸前のところで、警察が慌てて割って入って引き離しにかかる。警察は今まで差別主義者の「お散歩」を黙認してきたが、しばき隊の登場により騒乱状態を予防する観点から、介入せざるを得なくなったのだ。

何度か衝突寸前の小競り合いを繰り返したが、結果的に差別主義者たちは新大久保の路地へと入れなくなった。警察の指導もあり「お散歩」を中止してしぶしぶ帰ったのである。

ネットにアップされたしばき隊VS差別主義者の動画を観て、俺は野間氏に連絡した。同じ衝撃を受けた人たちは沢山いるだろう。直接行動することで、差別主義者たちの行動をやめさせることができる。それに感動した。

野間氏は、問題児の俺のしばき隊志願を受け入れてくれた。野間氏は昔から少人数や一人でも差別主義者たちに対峙し、何年もカウンターをしてきた男である。脱原発活動でも有名で『金曜官邸前抗議』（河出書房新社）という著書も書いている。

年齢は四〇代後半。しかし、見た目は実年齢よりとても若い。オシャレで高学歴。ミュージックマガジンの編集を経て、現在はフリーの編集者である。性格はクールだ。

政治活動家らしくない風貌と、DJでギタリストでもある異色の経歴。既存の運動と違う斬新な発想が、多くの人々を魅了した。右翼だ左翼だ、ちょっとした考えの違いで人を排除したりしない懐の深い人物なのである。

しばき隊は不良色を前面に押し出した集団であった。なので、俺みたいな経歴でもメンバーにさせてくれたのだろう。左翼、右翼、ミュージシャン、写真家、格闘家、海外の元軍人、アウトローなどなど色々な人々が一つの目的で集まったのだ。俺も誰がメンバーだか、どれぐらい人数がいるのかを把握していない。

目的は、「レイシストをしばき隊」という名のままだ。「差別反対」の声明を出して終わりではなく、直接行動でレイシズムを食い止めるという考えに共鳴した。ヘイトスピーチする人間に、「もうデモには行きたくない」と思わせるためにあらゆる手段を使うのだ。

カウンター参戦

そして、二〇一三年二月一七日に俺は初めてカウンター行動に参加した。

二〇〇七年のカルデロン事件、二〇〇九年の京都朝鮮学校事件から、いったいどれだけの月日を無駄に過ごしたのだろうか。

本来なら、昔から在特会を批判してきた俺がやらなければいけないことである。それが情けないことに、現場で対峙をしてこなかったのだ。それは紛れもなく自己保身によるものだった。

「ネット右翼ごときに、馬鹿にされてる動画さらされちゃったらやっていけない。あんなデモを妨害して捕まるのも嫌だしな」

在特会に批判的な右翼も、そんなセリフを言う人ばかりだった。でも、もうそんな自分が嫌になった。かつての仲間であろうと「愛国」とは何ら関係のない差別行動を阻止することが真の友情ではないかと思った。

俺が尊敬している、右翼のカリスマといわれた野村秋介先生も差別を憎んだ。河野一郎邸焼き討ち事件などに関わり、一九九三年に朝日新聞社で自決をした野村先生は、若き頃に在日コリアンを差別した敵対組織と抗争の末、網走刑務所に服役をしているのだ。

その野村先生の有名なエピソードといえば、一九八三年の衆院選中、石原慎太郎の公設秘書が在日コリアンから日本国籍を取得した新井将敬氏の選挙ポスターに「北朝鮮から帰化」というシールを貼り付けた事件である。その石原慎太郎に対し、激怒して謝罪させたのが野村先生だったのだ。

右翼とはそういうものである。右翼団体の元祖といわれる玄洋社の頭山満氏もアジア主義的な観点から官憲、いわゆる警察権力から朝鮮人をかばった事実は広く知られている。だから、俺も真の愛国者として、民族差別を許すわけにはいかない。

この日はまだデモ隊に直接の抗議行動をするのではなく、商店街への嫌がらせをブロックすることが目的だった。「お散歩」をしようとする差別主義者たちが現れたら、ガラの悪いしばき隊が身体を張って阻止する。それだけであった。

しばき隊は、世間の支持を得ようなんて考えは微塵もなかった。俺が野間氏から聞いた限りではそうだ。名前からもそれは明確だろう。だからこそ、チンピラファッションで中指を突き立てレイシストを罵倒しまくる。衝突するのも上等のスタイルを取っていた。ホームページはまさにギャング風のトップ画面。メンバーも喧嘩自慢ばかりである。女性メンバーはいない。

そしてこの日は「プラカード隊」がカウンターを始動した日としても重要だ。プラカード隊はその名の通り、差別主義者たちにプラカードを掲げて抗議をする集団である。これまでも、散発的に同様の抗議をしている人々はいたが、この日からは思いを同じくする仲間がツイッターなどで集まって、「仲良くしようぜ」「差別主義者は恥を知れ」等のプラカードを掲げて歩道に立っていた。しばき隊とは全く異なるカウンター集団である。

勘違いしている方が多いが、「仲良くしようぜ」のプラカードは差別デモ隊と仲良くしようという意味ではない。「私たちはヘイトスピーチをする在特会などとは違う」「他民族・隣人と仲良くしよう」という、新大久保の街で買い物や食事を楽しんでいる人々へのアピールである。誰も差別主義者たちとは仲

2013年2月17日のデモに対して
プラカード隊が登場した。

2013/02/17 Shin-okubo

良くはしたくない。

プラカード隊の呼びかけ人は木野トシキ氏。爽やかな笑顔が印象的な、まだ三〇歳程の若いイケメンお兄さんである。しかし、怒ると怖い野間氏と同様の危険人物である。こちらは腕自慢の危ない男ばかりがメンバーのしばき隊とは違い、老若男女誰でも参加できる雰囲気だった。

多くの市民が、強面のしばき隊ではなくプラカード隊に参加するようになった。木野氏は内なる闘志は隠し、表向きは素敵な好青年風の見た目である。全身凶器のようなしばき隊では大衆には広がらない。そもそもが、しばき隊はレイシストをしばくことしか考えてない。レイシストしか眼中にないしばき隊は、人の目なんてどう思われようが気にしていなかった。

それとは別のやり方も必要だと考えた木野氏が呼びかけたのだ。事実、メディアもしばき隊は怪しすぎて取り上げにくいため、プラカード隊の役目はカウンター行動でとても大きいものだった。

プラカード隊の呼びかけ人の木野氏も野間氏と同じく、何年も前からこの在特会などのヘイトスピーチ問題に取り組んでいたのだ。

「野間や木野は脱原発の活動の次は、差別主義者たちとの闘いが話題になるので始めた」

とか言う輩がよくいるがとんでもない。両者を昔から知っている俺からすれば、へそが茶を沸かす話である。

路上の待ち伏せ

そして当日、俺は派手な豹柄の服を着て、何人かメンバーと新大久保の商店街を見張っていた。

なかでも「ノイエホイエ」というハンドルネームをもつ右翼の世界の先輩は、現在はフリーで活動されているが、元は既存の右翼団体に所属されていたこともあるらしい。現在も正真正銘の右翼人で、二〇一三年夏には『保守の本分』(扶桑社新書)を刊行した。俺も脱原発デモなどで一緒に活動を共にさせていただいたことも少なくない。

なので、ノイエホイエ氏とはカウンターの前から面識があった。また、河本準一氏の一件から生活保護不正受給問題が騒がれた際に「制度を改正するために個人を攻撃する必要はありません」という意見広告を大手新聞に出した「シビルアクションジャパン」の代表者でも有名である。

弱きを助け強きを挫く保守思想の、男の鏡のような人物である。甘いマスクで女性にモテる。被差別部落の出身で、昔からヘイトスピーチをする在特会などと闘ってきた本物である。

そのノイエホイエ氏らとコリアンタウンを徘徊していた。新大久保にいる人たちからじろじろと見られる。どう考えても怪しいからだろう。殺気だった雰囲気を出してあたりを見渡していた。不審者に思われているみたいだ。でも、気にしなかった。

後ろから肩を叩かれる。野間氏だった。何も話さずにどこかへ消えていった。無言だが、よく来たなと言ってくれている気がした。

「宜しくね」

さらには木野氏がフレンドリーに挨拶をしてくれた。隣にはライターの松沢呉一氏がいた。とてつもない発信力のある方である。物書人とは思えない喧嘩慣れした松沢氏の雰囲気。びしびしと、アウトローのオーラが伝わってきた。

しばき隊はこの時、デモには直接絡まない考えだった。野間氏とノイエホイエ氏には特に勝手な行動をするなと釘を刺されていた。

「お前は捕まりやすそうだから、あんまり前に出てレイシストに近付かないように」

「分かりました」

確かに俺は前科もいくつかあるし、カウンター慣れもしていない。気持ちだけはあるが、足手まといにならないよう注意をした。

「朝鮮人は竹島を返せ！」

デモ隊のコールが聞こえてきた。新大久保駅前に走っていくと、目の前でプラカード隊の女性が罵られている。差別主義者たちのヘイトスピーチを浴びながら、凛としてプラカードを掲げ続ける気高き女性。

俺は自然に涙が出ていた。自分のすぐ間近に、理不尽な汚い言葉で攻撃されている人々がいる。我慢できない衝動に駆られる。

「デモに絡んじゃ駄目ですか？」

「祐二郎、抑えろ。デモに今日は絡まない。やるべき時はくるから」

ノイエホイエ氏にそう言われこらえた。

デモ隊は通り過ぎ、再び見張りに戻った。特にデモ後の時間帯が要注意である。だが、「お散歩」をする連中はなかなか来ない。しばきたくてうずうずしていた。日が暮れて夕方になる。

レイシストも前回、しばき隊に妨害されたので警戒しているのだろう。それを察して俺たちは「しばき隊は帰った」と、嘘の情報をツイッターで流した。

2013年2月17日のデモ終了後の「お散歩」を警戒して展開するしばき隊

2013/02/17 Shin-okubo

しばらくして、差別主義者二名が新大久保の商店街に姿を現した。計算通りである。ＮＰＯ法人「外国人犯罪追放運動」のメンバーの荒巻丈と他一名である。荒巻は、瀬戸弘幸の弟子で有門大輔の後輩。いつも「お散歩」を中心でやってきた男だ。

しばき隊がいないと思って、商店街に嫌がらせをする魂胆なのだろう。取り囲む。

「悔い改めろ！」

「何だ。自由だろ？」

「自由じゃねえよ！　マイノリティに絡みやがって！」

「ふざけんな！」

「てめえがふざけんな！　馬鹿！」

すでに酒が入っている荒巻。叱られて説教をされる。何を言っても倍返しで罵られる。とまどいを隠せないようだ。もう一人はうつむき暗い表情。

「話をしよう」

しばき隊は荒巻と歌舞伎町の居酒屋へ行く。もちろん合意の上である。「荒巻は拉致された」と言われるがデマだ。お互いの了承の上で一緒に飲む席を作っ

「お散歩」を阻止すべく待ち伏せする「しばき隊」

2013/02/17 Shin-okubo

たのだ。もう一人は俺らと飲むのが嫌みたいで帰っていった。

いびつな「絆」

俺はみんなが居酒屋に入ってからも、少し商店街の見張りをしていた。しかし、大丈夫そうなのでちょっと遅れて飲み会に参加した。

「山口君、会いたかったよ」

そこには泥酔状態の荒巻がいた。俺は隣に座る。実は、ある一件で荒巻のことは知っていたのだ。

「朝鮮人は出て行け！」

過去にデモの現場を見に行った俺の仲間をそう罵ったことがあるらしい。その仲間は日本人である。しかしなぜかその後、話し合いをして荒巻と意気投合をする。仲良くなり部屋で酒を飲んで泊まったらしい。

そんな一部始終を仲間から聞いていたのだ。もしかしたら分かり合えるかもしれない。説得しようと思った。荒巻の向かいには野間氏がいた。

どうやら、在日特権については完全にしばき隊メンバーたちに論破されている。荒巻は酒を飲んでへべれけになり、自身の生い立ちなど経歴を語り出す。同情する部分が多かった。

けれども、別にそれは言い訳にならない。どんな理由があろうと差別は許されない。

「俺の仲間が世話になったらしいな」

「ああ、仲良く朝まで飲んでたよ」

「朝鮮人だとか言ったらしいが、あいつは日本人だよ」

「まあ日本人だなあ……」

返答を濁し、へらへらする荒巻。どこか病んだ雰囲気をかもし出していた。アル中だと噂されていたが、本当かもしれないと感じた。

「朝鮮人を殺せだとか、そんなのが愛国者だと思ってるの？」

「竹島が占領されてんだ。それぐらいの戦争もする覚悟ってことだ」

「じゃあ、まず俺を倒してからだな。どうせ口だけなんだろ。そんな覚悟もねえくせに」

「何っ!?」

「まあまあ」

一触即発。その時に野間氏やノイエホイエ氏が止めてくれた。

「瀬戸のことなんだけど」

野間氏は巧みな話術で相手方のさまざまな情報を聞き出す。荒巻は無邪気に色々なことを喋る。桜井会長や俺の友人の金友の悪口まで面白おかしく話していた。

一緒に飲んでいると、どこか情が湧いてしまった。その席には差別をされている当事者の在日の方がいた。それを伝えても、荒巻は一緒に仲良く飲んでいた。

普段、新大久保で在日批判をして朝鮮人を殺せだ何だ叫んでるデモをしているのに関わらずだ。何の説得力もない。面と向かっては在日コリアンに文句すら言わない。普通に会話していた。

「そろそろ家に戻らないと。ありがとう」

「了解だよ」

荒巻が立ち上がる。俺はもうどうでもよくなってきていた。だが、我慢していた何人かが荒巻に怒りの言葉をぶつける。

「いい加減にしろよコラ。みんなは優しいから甘い話になっているがよ。俺は許さねえからな。反省しろ。またあんなクソデモや商店街への嫌がらせするなら、こうやって身体張って防ぐからな」

「気付いてください荒巻さん。今日もこの席に在日の人がいるんですよ。楽しく飲んでたじゃないですか。差別なんて恥ずかしいことやめましょう」

「……」

最後、荒巻は何も言い返さずに居酒屋を出て行った。俺も階段を上がる。荒巻が待っていた。

「山口君、会えて良かったよ」

「あ、そう」

握手を求められた。

「早く帰れ」

「消えろ」

周りから、荒巻に文句が飛ぶ。悔しそうだったがおとなしく帰っていった。

これだけきちんと語り合ったんだ。反論もしなくなっていたし、考え直してくれるだろう。きっと変わってくれる。俺は期待をしていた。

その時、金友隆幸から久々に電話がかかってきた。荒巻と飲んでいるという情報をツイッターに流していたからだろう。おそらく荒巻を心配して、文句を言おうとしてきたのだろう。

電話に出る。

「隆幸、何だよ」

「君の言う通りだ」

「何が？」

「活動のことさ。でも、やりすぎるなよ山口君」

下手な態度に出ているが、何か面白くなさそうにしている。

「別にお前に関係ないだろ。ところで何で仲間を迎えに来ないの？」

「荒巻なんてどうでもいいよ。瀬戸一派とは仲が悪いからね」

「最低だな隆幸。あと、朝鮮人を殺せとか叫ぶことが本当に正しいと思ってるのか？」

「日本に必要なことだよ。シナ人を殺せも」

「必要なわけないだろ。差別なんかやめろよ」

「君とは喧嘩したくないよ。おやすみ」

電話を切られた。いつも金友と一緒にデモをしていた荒巻。利用されているようで可哀想に思えた。

後日、荒巻は外国人犯罪追放運動を除名された。理由は、しばき隊と居酒屋で酒を飲んだかららしい。そんなことで処分をされたのだ。有門大輔が厳しく叱責をするブログを書いて荒巻を非難したのだ。

しかし、そんな有門も過去に俺と中華料理を食べている。瀬戸も上野の事務所で俺とお茶をしている。荒巻を除名した意味がさっぱり理解できない、矛盾ばかりの差別主義者たちであった。

燃え上がるカウンター

二〇一三年三月になると、しばき隊は「お散歩」阻止だけではなく直接デモ潰しをすることを宣言する。カウンターに火が点いたのだ。

差別主義者たちに対するカウンター行動はKポペンといわれるKポップファンをはじめ、多くの一般市民の集まりが自然発生的に生まれ、人数は一〇人、二〇人と増えていった。

そうすると、今まで在特会一派の横暴に怒りを覚えていた沢山の人たちが、差別反対の声をあげだした。俺と同じで、溜め込んできた感情をあらわにしてもいいんだと気づいた人たちだ。

拡大していくカウンター。関東では、新大久保だけでなく浅草や池袋でも、川崎でも激しいカウンター行動がわき起こった。

大阪の鶴橋でも、「友だち守る団」などが関西らしいイケイケの武闘派なカウンターで応戦した。全国どこでも差別反対の声が上がったのだ。

特に新大久保では、まるで街にいる人々全員がデモ隊を取り囲んでいるようだった。しばき隊、プラカード隊以外にも、「風船隊」や「ダンマク隊」「知らせ隊」など沢山のグループができていった。

　風船隊は「ＬＯＶＥ新大久保」「仲良くしようぜ」と書かれた風船を配る。これは街歩きを楽しむ女性や子どもに評判が良かった。デモが始まる前に風船を配って差別反対のメッセージをコリアンタウンに訪れている方々に届けたのだ。

　また、ダンマク隊は「日本の恥！　在特会はレイシスト集団」などと書いた巨大な横断幕を掲げ、そのインパクトも重要だが、新大久保の街にいる人々が醜悪なデモ隊を見ないで済む効果もあるのだ。

　さらにはなんと「男組」なる恐怖のアウトローたちによる集団もできた。いかにも凶暴そうな男たちが刺青を見せつけながらカウンターをする。

　差別主義者たちは自分たちの主張を否定する者を「反日左翼」だと罵る。だが、左翼思想の人たちはほんの一部で、俺のように思想的に右の人も、どちらでもない人も、カウンター行動に参加している。

　しばき隊もプラカード隊も風船隊もダンマク隊もカウンター行動の一部でしかない。カウンターをしているほとんどの人が、個人で参加していることが重要なのだ。

　また、カウンターをしているのは朝鮮人だと差別主義者たちは言うが、それも違う。もちろん在日コリアンもいるが、大半は日本人である。同じ日本人として恥ずかしいから抗議している方も多い。

サッカーのサポーターが中心のダンマク隊「憎悪の連鎖は何も解決しない Show Racism the Red Card」
2013/03/31 Shin-okubo

そのうえ、韓国から資金を貰ってカウンターをしているなどという悪質なデマを差別主義者たちは流す。「しばき隊は日当三万円貰っている」だとか。在特会会長の桜井まで、そんなでたらめを言い出すのだ。

そんなわけがない、みんなが「自分のために」街頭へ出て、抗議しているのだ。俺も「自分が醜い差別を許せない」から毎回やってきた。

なのに奴らは「日当三万円で雇われている」などとデマを流す。それにムカついたしばき隊は「なに言ってんだ。日当三〇万だよ!!」とホラでやり返したりした。

さまざまな形で、排外デモに抗議するカウンターは、その数を誰も把握できない状況になっていった。

俺をバカにしろ！

それでもなお、差別主義者たちは二〇一三年四月、五月、六月としつこくデモを開催する。それに比例してカウンター側の数も、爆発的に増えた。

数で圧倒されつつあるデモ隊は、虚勢をはるために、カウンターに参加する人を小馬鹿にする行動をとるようになった。プラカードやシュプレヒコールが「外国人から日本を守る」という当初のデモの趣旨と全く異なり、カウンターへの誹謗中傷になっていったのだ。

　俺も標的にされた。最初のカウンター行動の時から豹柄の服を着ていたし、前科もあるので、いじりがいがあったのだろう。

「関西のおばちゃん！　火炎瓶投げないで！」

「山口君！　何で同じ服を着てるの！」

　拡声器越しの大音量で罵倒される。

　俺は中指を突き立てて対抗する。するとデモ隊が「ウホッいい中指」なんてプラカードを出した。しかも、発砲スチロールで中指を突き出したサインまで作って。

「しばき隊、粉砕！」

　と先導する街宣車から叫ばれる。

「山口！　かかってこい！」

　歩道にいる俺の姿を発見すると、デモ隊は挑発して叫ぶ。

「うるせえ！　差別主義者ども！　お前らが日本に必要ねえんだよクズ！」

　すぐに俺は言い返す。

「山口は帰れ！」

「クソなデモしてるんじゃねえ売国奴！」

「朝鮮の犬！」

山口祐二郎を揶揄するプラカードを掲げる在特会メンバーら
2013/04/21 Shin-okubo

「おらおらおら！」

ぶつかり合いや掴み合いになる。機動隊が制止しようとする。騒乱状態だ。わけが分からないカオスな状態。だが、実は、この応酬は狙い通りなのである。

新大久保の人たちや在日コリアンへのヘイトスピーチではなく、俺らに対する罵倒をさせる。そうすれば、在日コリアンや韓国人の方々は傷つかない。俺らが馬鹿にされることで盾になると考えたのだ。

双方、挑発や罵倒の応酬が続く。時には子供の口喧嘩のようにもなるがそれでいい。多くの人々がその光景を見たら、醜い争いだと思うかもしれない。お互いに唾のかけ合いまでしたこともある。

そうしてでも、差別的なシュプレヒコールを一回でも減らしたかった。差別的なプラカードを一つでもなくしたかった。デモ隊の意識が俺たちに向けば向くほど、在日コリアンや韓国人がターゲットにされないで済む。もともと、バカらしい趣旨で始まったデモが、さらに意味不明なものになる。

「デモ隊とカウンターは、どっちもどっちだ」

とよく言われる。それに対して、「ゴミが出なければ、ゴミ回収はいらない」としてカウンター側と在特会が明確に違うと擁護してくれた人もいる、その通りだ。でも、俺は究極のどっちもどっちを見せてやると思っている。

「チンピラだ」

とか批判されるが、これからもガンガン中指を突き立てて差別主義者たちを口汚くののしるつもりだ。取っ組み合いもするだろう。

「山口は死ね！」

「てめえらが死ね！」

よくあるやり取りだが、こうすることで、奴らの矛先は、韓国人という民族ではなく、俺という個人に向かう。

でも、たまにしんどい時もある。デモ隊に豹柄の服を着た俺の偽者が現れたのだ。そいつは俺がよく言う「俺はカッコイイ」というセリフの書かれたプラカードを持っていた。しかし、そのニセ山口祐二郎が滅茶苦茶ブサイクなのである。とてもショックだった。

さらには、俺の著書の『ハイリスク・ノーリターン』（第三書館）をモジって「ハイリスク・ノータリン」と書かれたプラカードまで掲げられた。

「本屋が売れなくて困ってんぞ！」

そんなことまで叫ばれる。

時間が経てば経つ程、デモの趣旨とはかけ離れた罵り合いになっていく。計算してやっていた俺が呆れるほど、あっさり術中にはまる奴らだから「在日特権」など、ありもしないデマにころっとダマされるのだろう。

「ガキはオムツでも履いてろ！」

「クソジジイ！　差別主義者は日本の恥なんだよ！」

「オカマ！　山口！」

差別主義者たちは何がしたいんだろう……。

揺れる法規制の是非

差別主義者に対するカウンター行動は、二〇一三年四月頃から全国で報道をされるようになった。そして、ヘイトスピーチについてもニュースで取り上げられたり、国会でも審議されるまでになった。

「朝鮮人を殺せ！　死ね！」

そんなことを叫ぶデモが、そもそも許されてしまうのが問題なのだ。欧州をはじめ世界にはこういった差別的な発言を法で規制する、ヘイトスピーチ規制法がある国は少なくない。

新大久保や鶴橋での騒動で、日本もどうするかを考えていく方向に進んでいるのだ。今まではほったらかしにされていたが、カウンターをする人々の力で政治家たちが無視できないようになったのだ。

民主党の有田芳生《よしふ》議員をはじめとして、多くの著名人たちがヘイトスピーチに反対をした。国会でも内閣総理大臣の安倍晋三から「差別的発言には反対だ」という答弁を引き出した。

当たり前である。特定の民族を差別するような発言を支持するような政治家がいるはずがない。だが、在特会の桜井誠をはじめ会員たちは、俺らと同じ人間である。誰でもちょっとした喧嘩で犯罪者になる可能性があるように、人間には誰しもがちょっと間違うと心が歪み、差別のようなおかしなことをしてしまうのかもしれない。いじめもそうであろう。

「中国人は下品だ」

「黒人は犯罪者ばかり」

よく、居酒屋とかで普通のおじさんがそんなことを言うのは沢山聞いてきた。恥ずかしながら、俺もそういう風に偏見の目で外国人を見ていたこともある。無意識に悪気なく差別をしていたのである。

だから法規制が必要なのかもしれない。変えられない属性を理由に人間の尊厳を踏みにじり、差別行動を煽動するような発言をしてはいけないだろう。

しかし、カウンターをしている人たちの間でも、このヘイトスピーチを法規制するかどうかは賛成派もいれば反対派もいる。なぜかといえば、この法規制が日本国憲法で保障されている表現の自由を奪うような流れになってしまうのではないかという危惧があるからだ。

つまり、普通の韓国人への罵倒ではなく、韓国大使館などに対する抗議行動もできなくなってしまうのではないかという恐れがあるのだ。また、映画やドラマや漫画などで、他国を批判する内容に自主規制がかかる可能性もある。法規制によって恐怖政治のようにならないか心配する声もある。

その不安もよく分かるが、「朝鮮人を殺せ」などと叫ぶ憎悪の煽動（ヘイトスピーチ）と表現の自由の区別があいまいなのは、規制法がないからとも言える。

ヘイトスピーチの法規制の是非が社会的に検討されるようになったこと自体が、差別を許さない思いを持った人たちが頑張った成果だろう。

法律はもちろん、歴史を創っていくのも俺たちなのだ。

第4章

包囲

阻止できなかったデモ

「ヘイト豚、死ね！」

ここで、あらためてミスターヘイトスピーチ・桜井誠について記しておきたい。桜井（本名＝高田《たかた》）は年齢四〇歳前後の中年。太っていて眼鏡をかけた外見。ファッションもまるでとんちゃくしない気弱な感じだ。

そう、この桜井こそが、会員一万人以上もいる在特会の会長なのである。なぜ、ここまで人が増えたのだろうか。在特会会員を惹きつけた桜井の魅力とは何なのか。俺が長年、彼と対峙してきて感じたことや関係者から聞いた話を書きたい。

もともとは、桜井はおとなしい人間であった。在特会が発足したばかりの二〇〇七年は、区の集会所などを借りて勉強会を行っていた。そこから、西村修平氏の主権回復を目指す会などと関わり変化をする。街頭に頻繁に繰り出し活動をするようになり、「行動する保守」を自認する。

桜井の印象として強いのが、マイクパフォーマンスだろう。

「ゴキブリ朝鮮人は出て行け！　朝鮮人は皆殺しだ！」

「シナ人を射殺しろ！」

当たり前にそういったヘイトスピーチをする。だが、本人はそれを決して実行しない。ようは口だけなのである。在特会の仲間たちも似たようなスタイルで街頭演説や抗議活動を展開している。

なので、既存右翼と違い、要人を襲撃したり、国や報道機関に対して火炎瓶を投げ込んだりなどはしない。よくも悪くも口先だけが主の行動なのだ。

しかし、賛同者を増やすには、それが良かったのかもしれない。大衆運動をするにしても、多くの人は安全が確保された条件を優先する。ネット上だけでなく、路上であっても大勢の警察に守られた状況でのみ、拡声器で勇ましく吼える。

安全圏で叫びまくることで、活動に参加した者たちは強くなったような錯覚を感じ、それを「気持ちよい」と勘違いする輩もいるだろう。

「ヘイトスピーチをすると達成感を味わえて気持ち良い」

そんなことを言っていた在特会のデモ参加者もいる。しかし、それで罵倒されるのはいい迷惑だ。一人カラオケならともかく、公然と「韓国人を殺せ」と煽動することなど許されない。

桜井にはずる賢さがある。右翼 vs ウヨクのイベントの時に、ロフトプラスワンの楽屋で抗議するとすぐに謝罪をするようなおとなしい人間。なのに、警察に守られ、カメラが回っていると役者のように人格が変わるのだ。

「愛国」をネタにしたパフォーマーとしか思えない。過去のロフトプラスワンの件で懲りたのかもしれないが、討論会の呼びかけにも応じず、議論もできないのは無責任すぎる。

桜井は、一般市民ばかりの脱原発デモ隊を左翼だ、しばき隊のことも中核派だと、息を吐くようにデマを流すとんでもないホラ吹きである。

特にそう強く感じたのが、二〇一三年の二月二三日だった。横浜市の東神奈川で在特会がデモをした後。帰り道の桜井たちにしばき隊隊長の野間易通氏などが話しかけた。すると、いきなり発狂したように叫びだした。全く会話をする気もないらしい。この動画はきちんとユーチューブにアップされている。

普段は、「死ね、殺せ」だとか吼えているくせに敵と話し合うこともできないのだ。おまけに俺が話しかけると無言になる。誰か分からないような態度を取るのだ。俺は半年前にも桜井と靖国神社で飲みながら会話しているのにだ。

桜井がわめきたてるので、多くの通報が入り警察沙汰になったのだが、こんなことで逮捕されるはずがない。単に話しかけて、ありもしない「在日特権」をネタにヘイトスピーチを続けるなと説教しようとしただけだからである。

だがこの後すぐに桜井はニコニコ生放送などで、襲撃されたただの大げさなことを言った。しばき隊が逮捕されたとか、でたらめばかりほざいたのだ。嘘をついている自覚はあるのだろうか。時々、心配になる。自覚が無ければ、頭の中で自分の都合の良いように脳内変換してしまうのだろう。

さらには、俺がデモにカウンターをしている時。

「アホの子の山口、いつでもかかってこい！」

桜井がそう叫んだので、二〇一三年六月一四日に在特会本部事務所がある秋葉原のマンションを訪ねた。なのに、すぐに所轄署に通報されて、結局本人には会えなかった。桜井本人が通報したのだ。

全然、言ってることとやっていることが違う。こういうのをヘタレという。

「ヘイト豚死ね！」

という横断幕をしばき隊が出したことがある。

このことについて、どっちもどっちだとか、ヘイトにヘイトで返しちゃいけないとか言う人がいるがそれは違う。

「ヘイト豚」と言っているが、イコール桜井だと思う人は奴を「ヘイト豚」と認定したことになる。それが本人ならなおさらだ。

しかも重要なのは、たとえ奴が「ヘイト豚」と自覚していても、いつでも「ヘイト豚」であることは辞められるのだ。だから、桜井が死ぬ必要はない。

しばき隊によって掲げられた「ヘイト豚死ね！」の横断幕は、論争を巻き起こした

2013/05/12 Kawasaki

しかし、「韓国人は毒を飲め」と言った場合、韓国人はやめるやめないの話ではないので、これこそヘイトスピーチだ。その非対称性を際立たせるために「ヘイト豚」という言葉を使う。

俺も差別を無くすためなら、どんな悪人にでもなれる。

ベンツしばき

ところで、在特会の桜井会長を説教した有名な人物といえば、この方であろう。そう、俺が心より尊敬する伊藤大介氏である。

神奈川の不動産会社の社長で、愛車は黒塗りのメルセデスベンツ。男気溢れるカッコ良さと器のでかさで、カウンター側にファンは数え切れない程いる。

前述した二〇一三年二月二三日の東神奈川駅付近での出来事。しばき隊が話しかけただけで、慌てて発狂したように叫びまくる桜井。

この様子を撮った動画は、すぐに在特会側とカウンター側の両者からアップされた。ユーチューブなどで、爆発的な再生回数を記録した。

「ヘイトやめろってんだアホ！」

伊藤氏が桜井を怒鳴りまくるこの動画。在特会側にもカウンター側にももちろんだが、多くの人々に衝撃を与えた。いわれない差別を大声で叫ぶような人間がいたらきちんと叱る。そんな当たり前のことがなかなか誰もできていなかった。勇気を持って対峙をすることが大切だと教えられた。

なので、差別主義者たちの伊藤氏に対する誹謗中傷はネットでとてつもないものだった。嫌がらせのＦＡＸを会社に送ってくるなど陰湿な者までいたらしい。おそらく実害は酷いものだろう。

それでも伊藤氏はカウンターをやめない。本当は大変なのだろうが、そんなことを笑い飛ばしてネタにしていた。

「これは大人の責任。傍観者では駄目なんだ」

そう言って、ベンツで差別デモ隊の横を走る。別にデモを妨害するわけではなく、ただ隣を走っているだけだ。それなのに、デモ隊はパニックになる。よっぽど伊藤氏に対し、トラウマを感じているのだろう。

「当たり前に責任を果たす大人が増えれば、あんな醜悪な差別デモはなくなるんだ」

その重い言葉を聞いた時、俺は震えた。本当に涙が出た。「ベンツしばき」と呼ばれるカウンター行動の信念を感じた。

伊藤氏に影響されてカウンターに参加し続けているのは、俺だけじゃない。

ベンツしばき
2013/03/17 Shin-Okubo

「男組」登場

様々な人々がいるカウンター側でもひときわ目立つ集団がいる。それが高橋直輝氏率いる武闘派組織「男組」である。

男組は、元極道の高橋氏が組長。高橋氏の五分の兄弟分の木本拓史氏が総本部長。この二名が中心メンバー。二人とも年齢は四〇歳ぐらいなのだが、一〇歳は若く見える容姿である。

俺も若頭という大任を仰せつかっている。そしてなぜか現役の東京大学生の手塚空が若頭補佐をしている。手塚は俺の弟分で頭の切れる名参謀だ。そして副長が長年軍隊で殺人術を実践してきたオー氏。自分がやっていて言うのもなんだが、規格外の集団である。

高橋氏は俺の兄貴分である。さらには高橋氏の兄貴分が伊藤氏。そう俺にとっては伯父貴になる。もちろん極道ではない堅気の盃である。しかし、男組は何よりも情を大切にしている。男組はハートで繋がっているのだ。

最初は伊藤氏と激しく対立をしていたという高橋氏。互いに自宅に乗り込んだり攻撃をし合い壮絶な闘いがあったらしい。本当に殺し合いまでしようとしてい

「男組」　　***2013/09/22 Shinjuku PIC: 島崎ろでぃー***

たのだ。だがその後、伊藤氏の心意気に高橋氏が共鳴しカウンターに参加するようになったらしい。

「伊藤兄貴に惚れたぜ」

そして高橋氏が呼びかけ、カウンターにいるありとあらゆる武闘派の男たちを集めて男組が結成された。なので、荒っぽさがハンパじゃない。ただ差別主義者たちを潰すために、イケイケで男組は動く。それが役目であり目的だ。

いかに高等な理論でレイシストを論破しようとしても、あまり効果はなかった。在特会などの行動は理屈ではない。会員は、カルト宗教の信者のように盲目的な連中なのだ。だからこそ、カウンターでは奇麗事ではなく恐怖を与えなくてはいけない。

どう見てもやばい不良の超強面の男たちが、刺青をあえて見せつけながら激しいカウンターをする。突如現れた男組に差別主義者たちは震え上がった。

誤解されると嫌なので書くが、高橋氏らも普段は服の下に刺青を隠している。男組のターゲットは、あくまで差別主義者たちだけである。

男組の圧力は尋常ではない。

「なめてんじゃねえぞ！　潰してやるよ！」

というセリフを言いながら迫ってくる男組に、臆病な差別主義者たちは恐怖に脅えた。

また、高橋氏と木本氏の刺青を見せつけた写真が、ネット上にアップされると、瞬く間に拡散された。その写真を使い差別主義者たちはカウンターを暴力集団だと宣伝をする。

だが、それも計算のうちだ。男組はしばき隊と同様に大衆の目など気にしていない。世間受けなど考えていないのだ。一般市民の共感を得る行動は、他に沢山いるカウンターの方々がしている。男組は差別主義者たちに対し威圧効果があればいい。

男組は差別主義者たちとサシで会って話をすることをよくしている。そういう中で説得することも欠かさないのだ。実際に考えが変わって、ヘイトデモを辞めただけでなく、男組に入った人間までいる。

ヘイトスピーチする奴らにはとことん痛い目を見させてやる。だから警察沙汰もよくある。それでも男組は身体を張って対峙した。

東京、神奈川、大阪、兵庫、広島など全国のどこにでも乗り込み、差別主義者たちに果敢な行動力で男組はカウンターを展開する。

これからも男組は激しくカウンターをするだろう。どんなことでもする、何でもお構いなしだ。差別主義者たちを消し去るためには。

身を削るカウンター勢力

カウンターの勢いは増していく。それに引き換え、差別主義者たちのデモ隊はどんどん人数が減っていき、二〇一〇年ごろと比べると半分以下の二〇〇人程度になった。そこで、テコ入れ策として再び新社会運動の桜田修成を主催として、二〇一三年六月一六日に新大久保でデモを開催したのだ。

デモのタイトルは「桜田祭」。もはや、「愛国」とか「ナショナリズム」とかまるで関係なく、ただの嫌がらせと、カウンターへの挑発のために企画されたものである。これにはカウンター側も憤りがいつも以上に高まった。そして、事前にツイッターなどで拡散されたカウンター情報は、一気に広がりを見せた。

当日のデモ直前。JR新宿駅から在特会会長の桜井誠が出発地の大久保公園に向かう。その場に居合わせたしばき隊の清《せい》義明氏が桜井に話かけた。

口論になる。虚をつかれた桜井は清氏に唾をかける暴挙に出たのだ。清氏は、桜井の眼鏡を奪い取る。当然の反撃で、殴られないだけ感謝すべきだ。眼鏡を〝人質〟に桜井が逃げられないようにして、警察立合いのもと謝罪をさせようとしたのだ。だが、なぜか暴行で桜井だけでなく、清氏までが逮捕されてしまったのだ。

また、デモ出発前。しばき隊の久保憲司氏がデモ出発地の大久保公園に乱入。小競り合いになる。久保氏は差別主義者たちに対し非暴力を貫き、鼻血が出るほど殴られたのに、なぜか逮捕されてしまった。暴行した差別主義者も逮捕されたとはいえ、まったく理不尽なことだ。

機動隊など警備の動員数も半端じゃなく多い。だが、それでも色々な場所で衝突が起こる。

デモが始まる。予想通りヘイトスピーチを撒き散らす。プラカードには「売春婦は帰れ」「朝鮮人は皆殺しにしろ」などと書かれている。寒気がするほど酷い内容のものばかりだ。

「朝鮮人をぶっ殺せ！」

やはり桜田祭は単なるヘイトスピーチをするだけが目的の嫌がらせのデモだ。カウンターの怒りで危険な雰囲気になっていた。カウンターがプラカードや横断幕を掲げてデモ隊を見えないようにする。さらに大音量の「帰れ！」コールをしてヘイトスピーチをかき消す。

しかし、機動隊の壁があっても警備が追いつかず、激しいぶつかり合いが起きる。デモ中にしばき隊メンバーとデモ隊が小競り合いになり逮捕が相次ぐ。俺も桜田に蹴られた。ガードをしたら桜田が転んだ。またデモ隊に唾をかけられた。唾をかけ返した。

その後もヘイトスピーチをしながら、差別主義者たちは行進し暴力行為をする。どこが愛国的市民団体なのだろうか。完全にネオナチのような暴徒である。デモ隊側から「湘南純愛組」の優こと西森久佳や、ノアこと前田智子が暴行行為で逮捕。

差別主義者たちとカウンター勢のバチバチの闘いが至る所で勃発し収まらない。結局、差別主義者四名、カウンター四名の計八名も逮捕者が出てしまう事態にまでなったのだ。

このことはニュースで全国に報道された。いつまでもこんなことが続いていたら大変なことになる。デモをやめさせろと全国各地から新宿署に意見が多くあったらしい。また、新宿区に対しては、集会地でデモの出発地点である大久保公園、解散場所の柏木公園を貸すなという要望も沢山あったようだ。

そしてこの六月一六日。在特会の桜井会長が初めて逮捕された。本名は高田誠と報道される。在日コリアンの通名使用を特権だと批判をしているくせに、桜井自身が偽名であることが明かされたのだ。通名批判をするなら、自分自身から堂々と本名を名乗ればいいのに。これも、安全圏での鬱憤晴らしのヘイトスピーチをするだけの活動家であることの証明に他ならない。

身を削るカウンターの勇者たち。逮捕されたしばき隊三名は、四八時間拘留で釈放された。それと同日に桜井と差別主義者一名の計二名も釈放された。その後は、一〇日拘留で差別デモ隊の西森と前田が釈放された。黙秘を続けたカウンター一名は二〇日拘留後に釈放された。

リアルに逮捕劇がばんばん起きる闘いになってきた。だが、ここまでの事態が起きて初めてカウンターはもちろんであるが、あらゆるところからデモ自体を中止にさせようという動きが明確に出てきたのだ。

俺はいまだに、この日に逮捕されたしばき隊のメンバーと話をすると涙が出てきてしまう。俺より年上の方々であるし、それぞれ普通に働いている人間たちばかりである。逮捕されれば失うものもでかい。犯罪者として名前が報道され、暮らしが壊れてしまう。

だが、ヘイトスピーチを撒き散らす差別デモ隊と最前線で対峙するには、それぐらい身を削る行為をしなければならなかったのだ。捨て身でなければ相手に圧力あるカウンターをできない現実があったのだ。

ヘイトスピーチを「祭り」にした男

「桜田祭」と自分の名を冠したデモを行った桜田修成は二〇一三年二月九日のデモなど、新大久保をはじめあらゆる場所でヘイトスピーチを垂れ流してきた人間だ。

年齢は五〇歳前後。いつも酒を飲んでいるような赤ら顔で、仕事は派遣作業員のようだ。新社会運動という団体の代表であるらしいが、他にメンバーがいるのかよく分からない。かつては、内容は別として真面目に街頭におもむき活動をしている印象があった。

どちらかというと指揮官的な人間ではなく、上官の指示に従う兵隊タイプだ。何かを企画するような細かいことは苦手な印象を受けた。激しい抗議活動を好み逮捕もされている。

俺は桜田のことを昔から知っていた。彼はもともと一水会にいたので直接の面識もあった。一緒に憲法問題のデモなどに参加したこともある。

はるか年下の俺に、自分から挨拶をするような、丁寧な態度だった。礼儀正しく、在特会会長の桜井みたいな卑怯な性格ではない。

差別主義者は一人一人ちゃんと向き合うとけっこうそういう感じである。俺らとも変わらないのに、どこかで歯車が外れて、ヘイトスピーチをするようになってしまった。桜田も韓国政府への怒りがどこかでずれてしまい、無差別に街にいる一般の韓国人に向くようになったのだろう。

俺が印象深いのは、桜田が既存の右翼活動を窮屈そうにやっていたことであった。辞める理由も分かる。既存の右翼は決まり事も多いし、好き勝手なこともできない。

桜田は、もっと自由に活動したかったのだろう。そこで、在特会などの活動と出会って、悪い意味で開眼してしまったのかもしれない。

リーダータイプではない彼が、なぜデモを主催するのか。疑問に思うことがあったが、どうやらそれは周りの差別主義者たちが持ち上げるかららしい。

実際に在特会会員や差別デモの参加者に聞くと、桜田のことをネタにして面白がっているフシもある。頭が悪いと馬鹿にしたり、暴れているのを端から見て楽しんでいるだけなのだ。なのに桜田は調子に乗ってヘイトスピーチをやりまくってしまうのだ。だから、可哀想だと思ってしまう。純粋な想いの使い道を間違っている。

俺は桜田祭でカウンターをした。

「おい桜田！　こっち来いよ！　お前は利用されてるだけだ！」

「朝鮮人の味方をするな山口！」

「お前は差別主義者をやめろ！　俺と活動しろ！」

「うるさい！」

「恥ずかしいことしてんな桜田！」

そういったやり取りが続く。彼は最初は複雑そうな表情をしていたが、ついに俺を蹴ってきた。俺はガードをした。奴は転んだ。機動隊に支えられながら立ち上がる。

その時、桜田の顔は悲しそうだった。なぜこうなってしまったのか。かつて一緒に日本を憂う活動をしていたのに。どうしてだ。胸が張り裂けるように辛い。

「飲みに行こうよ！」

「日韓断交したら、美味い酒が飲めるな！」

その後いくら誘っても桜田に拒否されている。一生叶わない飲み会になるのか。はっきり言おう。桜田修成、お前の居場所はそこではない。

立ち上がった弁護士たち

桜田祭の一連の逮捕劇後。二〇一三年六月二四日、外国人排外デモに異議を唱える多くの弁護士が立ち上がった。神原元《はじめ》弁護士や日弁連元会長の宇都宮健児弁護士を筆頭に全国の弁護士一五二名が代理人となり、桜田祭の参加者による暴行被害を受けた被害者二名の告訴状を新宿署に提出し受理されたのだ。

これは大きな話題になり全国ニュースでも報道された。それはそうである。こんなにも沢山の人数の弁護士が差別反対の想いで立ち上がったのだ。神原弁護士などは、新大久保のカウンター現場に何度も駆けつけ、警察の横暴に釘を刺す役目を果たしてくださった。

弁護士の動向が対政府、対警察、対差別主義者たちに圧力になることは間違いなかった。

そしてこの後もどんどん告訴をされるのではないかと差別主義者たちは戦々恐々となった。当然の報いである。

ほとんどの人間は自分が犯罪者になることを恐れる。安全圏でヘイトスピーチを撒き散らし、粗暴な暴力行為をする覚悟なき差別主義者たちの抑止力になる。

これまで、やりたい放題だったのがおかしいのだ。

今は死人など出ていないが、このまま放置していたら、どのようにエスカレートするのか。現実に差別主義者の桜井会長をはじめとして、「朝鮮人を皆殺しにする」と叫んでいるのだから。

そして、桜田祭による多数の逮捕事件や、有田議員をはじめとする政治家のヘイトスピーチ批判、ヘイトスピーチ規制法の議論。今回の弁護団による告訴。

こういった動きによる影響もあり差別デモそのものを中止に追い込もうとする声が各方面から出てきた。

まずはデモ申請を受け付ける新宿署へ、「差別デモの申請を受理するな」と要望。次に新宿区役所への、集合地の大久保公園や解散地の柏木公園を貸さないでほしいという要望も後を絶たなかった。政府への要望もずっと前から根気強く継続されていた。差別デモに反対する数百、数千、数万という署名も提出されていた。

しかし、二〇一三年六月三〇日。差別主義者たちは懲りずに再びデモを開催する。主催は外国人犯罪追放運動。そう、以前俺とも揉めた、瀬戸弘幸や有門大輔の団体である。

桜田祭での逮捕劇や、その後の反差別弁護団による告訴などで差別主義者たちの間でも新大久保デモは中止にしたほうが良いという動きがあった。だが、空気が読めない瀬戸や有門。結局、デモコースを新大久保から新宿側へと道順を変更してまで開催に踏み切ったのだ。猛烈なカウンター側の要望も虚しく、デモ申請は通って開催は決定した。

だが、カウンター側はついに前代未聞のことをやらかそうとした。それは出発地の大久保公園包囲であった。前回の桜田祭の際も、それができそうな感触を俺たちは感じていた。

それも一つのグループが呼びかけとかではなかった。今までのカウンターみたいに、多くの市民が自然発生的にツイッターをはじめとするＳＮＳで宣伝し拡散されていったのだ。

大久保公園を包囲せよ

二〇一三年六月三〇日。差別デモの参加者の集合場所はなんと新宿駅東口交番に午後二時半であった。あまりのカウンターの勢いに、これまでもデモの解散地からグループになって、警察に守られながら〝集団下校〟する情けない姿を見た。それどころか、今回はデモ出発地の大久保公園に行く際も警察と一緒に〝集団登校〟になったのである。そこまでしても、差別デモをやめない。どこまでも情けない人間たちだ。

俺は、正午にはもう新大久保にいた。ツイッターの自然発生的な呼びかけのせいか多くの人々が大久保公園の周りに集まっていた。

だが、予想通りいつも以上に警備体制は厳しそうであった。街のあちこちに機動隊のバスが止めてあり、大勢の警察がいる。前回の比ではない人数である。あらゆる路地の入口にまで鉄柵が置かれて、ものものしい雰囲気が漂っている。

それはそうだ。大久保公園を現実に大勢の人間で包囲してしまい、デモをできなくさせたら大変なことである。おそらく前代未聞のことだろう。俺自身も少し緊張していたし、捕まる可能性もあると覚悟していた。

とにかく多くの参加者が機動隊と押し合い揉み合いになり公務執行妨害罪などで一斉に逮捕される可能性がある。なのでそういう場面があれば止めに入ろうと考えていた。

時間が経ち、だんだんと包囲をしようとするカウンターの人々は増えてきた。大久保公園の入口を封鎖しようとする。だが、機動隊に押しのけられてしまう。どうしてもこのままだと逮捕されてしまいそうだ。

入口から排除され隅に押しやられる。鉄柵で再び入れないように公園付近を塞がれてしまう。これだと、差別主義者たちが交番から集団登校で大久保公園に来てしまう。これではいけない。包囲をしてもデモができてしまったら意味がないではないか。

それを阻止するにはどうすればいいか。公園の入口は無理だ。考えた挙句、デモ隊が大通りの職安通りに出る側——すなわち出口を封鎖するしかない。

俺は仲間たちを集めて、そこに固まった。すでに同じ考えの人々が集まっていた。どんどん多くの人が集結してくる。あっという間に人間の壁が道路を塞ぐ。さらに、その先には最前線で沢山の人々が公園へ押しかけようとしていた。

「帰れ！　帰れ！　中止！　中止！」

「NO PASARAN！（奴らを通すな！）　NO PASARAN！　（奴らを通すな！」

俺はシュプレヒコールをした。カウンターのみんなも続いてくれた。かつてない熱気で差別主義者たちに抗議をする。その数は、一〇〇人をゆうに超えている。機動隊員の表情を見ると明らかに戸惑っている。百戦錬磨の機動隊でも、一人のリーダーに率いられたワケではない、まさに自然発生的に集まってきた多くのカウンターを抑えられるか心配なのだろう。

これは本当にデモを中止にさせることができるかもしれない。俺はその状況にいて、いまだかつてない可能性を感じていた。現場にいた人は誰もがその熱気を感じていたはずだ。

デモ出発の予定時刻が迫る。カウンターはますます人数が増加し、差別主義者たちを糾弾するコールは鳴りやまない。みんなの心が一つになっていると思った。俺は涙が出てきた。

「帰れ！　帰れ！」

カウンターの叫びが広い職安通りにこだまする。鉄柵を機動隊がどかした。機動隊がスクラムを組む。それでも、まだデモをやらせるつもりなのだ。「朝鮮人を殺せ」「死ね」だなんてヘイトスピーチでも、都の公安委員会はデモ申請を受理するしかないのか。

いまの法では規制できないのかもしれない。表現の自由なのかもしれない。機動隊員の顔が泣いているように見えた。そう、ここでは機動隊と対峙しているが、この人たちのためにも俺らはこんな差別デモを許しちゃいけない。

出発時刻の午後四時から一五分が経つ。まだデモ隊は来ない。おそらくこの状態なので出発できないのだろう。俺たちが止めている。機動隊員がしきりに無線で連絡を取り合っている。その時、機動隊員から話を聞いたカウンター側の一人が叫んだ。

「デモ出発は遅れているようです！　カウンターの僕たちがいるから出られなくなっているんです！　自分たちが、出発を遅らせているんです！　この後も、ここを封鎖して中止にさせましょう！　頑張りましょう！」

凄い。実際に防いでいる。汗がしたたり落ちる。ありとあらゆるところで差別反対のコールが止まらない。

「中止！　中止！」

三〇分が経つ。まだ、デモ隊は出てこない。どうしたのだろうか。本当に中止を検討しているのか。再び、機動隊とやり取りをしているカウンター側の一人が叫んだ。

「皆さん、今、デモを中止にするか考えているようです！　やってやりましょう！　こんな差別デモは中止ですよ！　NO PASARAN！（奴らを通すな！）」

歓喜の声を上げるカウンター。俺ら日本人の手で、日本の醜悪なデモを中止にするんだ。やれる。やってやる。

「NO PASARAN！（奴らを通すな！）NO PASARAN！（奴らを通すな！」

とにかく俺は叫んだ。叫び続けた。

機動隊員に動きが見える。スクラムを組んで前に出てくる。デモ隊が迫ってくるのが、大勢の機動隊の影からちらりと見えた。機動隊が激しく押してくる。凄まじい圧力だ。やばい。何としてでも阻止しなければならない。何としてでも封鎖をする。差別を許さない壁を破られてたまるか。

「デモを中止にしろ！　デモを中止にしろ！」

目の前の動きが、まるでスローモーションに思えた。在特会のデモ隊の中に日の丸が見えた。日の丸が泣いているように見えた。こんな醜い差別デモに駆り出されるような旗ではない。俺はどんな理由があろうと、他国の普通の人たちを貶めるような奴らを愛国者だなんて認めない。

ついに機動隊に押しのけられた。機動隊とカウンターの押し合い。だが、どうしても押し返せない。負けるわけにはいかない。防ぐんだ。差別主義者たちを通さないんだ。

しかし、無情にもカウンターの壁が崩れた。何重にもスクラムを組んだ機動隊に押しのけられ切り崩されたのだ。

デモ隊は職安通りの大通りに出てしまい行進をする。たった一〇〇人ほどのデモ隊を阻止できなかった。最終的には一〇〇〇人とも言われる人々が集まりカウンターをしたのにである。

「朝鮮人は出ていけ！」

ヘイトスピーチが新大久保のコリアンタウンに響く。無力だ。差別デモを止められなかった。

それでも、俺は揉みくちゃにされながら叫んだ。

「お前らが日本の恥なんだよ！　ＮＯ ＰＡＳＡＲＡＮ！」

大久保公園包囲を失敗し、人間の壁を機動隊に破られデモを阻止できなかった一週間後の二〇一三年七月七日。差別主義者たちは、新大久保で予定していたデモを中止した。

警察をはじめさまざまな情報によれば、六月三〇日のカウンター行動が警察の予想をはるかに上回る人数に膨れ上がり、七月末の参院選を前に人員が手薄になっていた警視庁がデモ申請させなかったというのが、どうも真相のようだ。

あの醜いデモを「俺たちが阻止した」とは言えないかも知れない。

それでも、在日コリアンへのヘイトスピーチの矛先が、俺たちカウンターへ向かい、結果的にデモが中止されたとは言えるだろう。

今まで、本音を言えば恐かった。関わりたくなかった。差別主義者たちを放っておけば、ネットで中傷されることも、警察に捕まりそうになることもなかった。

だけど、それではいけなかったんだ。

ともに右翼活動をしてきた「仲間」や「大先輩」と、勇気を持って対峙しなければならなかったんだ。自分に「やらない」言い訳ばかり与えていたことを、いまでもはっきり思い出す。

見て見ぬフリをする傍観者はもちろん、「どっちもどっちだ」ともっともらしい見識をひけらかすのも最悪だ。

そんな奴らには、いまでも右翼の俺が言ってやる。

「俺こそが、究極のどっちもどっちだ！」

あとがき

この本はしばき隊や男組などカウンターグループの公式見解ではない。グループのメンバーたちはそれぞれの主張を持っている。あくまで俺の感じたことや思ったことを率直に書いただけだ。

編集中にも色々な出来事が起こった。

九月一日の個人宅嫌がらせ日野万願寺デモに対して立川駅でのバトル。九月八日、新大久保で再開されたデモを中止にしようと車道に座り込みをするシットイン抗議を展開。九月二二日には新宿で差別撤廃東京大行進が開催されて三〇〇〇人が参加した。対レイシスト行動集団「C.R.A.C.」というカウンターの連合体グループも新たに発足した。

このことについては、いつかまた書けたらと思っている。

★

ところで。

新大久保での排外デモが中止になり、差別主義者たちが嘆いていた二〇一三年七月。ちょうど参議院議員選挙がおこなわれていた。この参院選に、在特会と行動を共にしている維新政党新風代表の鈴木信行氏が東京選挙区で再び立候補した。

在ソウル日本大使館前にある従軍慰安婦像に「竹島は日本固有の領土」と書かれた竹島の碑なるものを縛り付けるなどをして入国禁止処分を受けたことでも知られる「行動する保守」だ。

俺が以前に所属していた統一戦線義勇軍の幹部だったことから、鈴木氏は俺にとって大先輩でもある。それもあって、彼が在特会と一緒に活動をしているのが凄くショックだった。

鈴木氏は自身がレイシストであることを否定している。しかし、排外的なデモに参加しているのでカウンター側は、「レイシストの候補者が参院選に出馬している」とピリピリした雰囲気になっていた。

そういう状況で、俺はツイッターにこんなことを書き込んだ。

「レイシストのポスターびりびり破きなう」

すると、そのツイートは在特会を支持するネット右翼などによって、ものすごい勢いでリツイートされ拡散した。

なぜなら、奴らは、「山口が鈴木氏のポスターを破いている。公職選挙法違反で捕まえろ！」と言いたかったからだ。このことは、彼らのおかげで全国的に知られ、なんとヤフーニュースのトピックスにまでなった。

しかし、待って欲しい。

俺は「レイシストのポスター」と書いただけだ。そして鈴木氏は自らを「レイシストではない」と公言している。だから、「レイシストのポスター＝鈴木氏のポスター」だと早合点するのは、鈴木氏に対しても失礼ではないか。

また、「ポスター」とは書いたが、選挙用のものだとは一言も言っていない。

当然、事実としても、選挙用ポスターを破いたことは、誰のものであれ一度もない。鈴木氏陣営が騒いだため警察にも事情を聞かれたが、「部屋の中でヒトラーと桜井誠のポスターをびりびりに破いてやりました」と答えた。それが「事実」だ。

なのに、ネット右翼は騒いだ。レイシスト＝鈴木氏と自らレッテルを貼って。

ここにも、彼らの浅はかさが見える気がする。

「在日特権を許さない市民の会」という名称を聞いただけで、「在日特権がある」と早合点する人たち。その後ろに「許さない」と言われたら、脊髄反射のごとく「許さない！」と復唱する人たち。

そんな気の毒な奴らが、こぞって街頭で「朝鮮人を殺せ！」と叫んでいるのだ。

これでは、言われる方もたまったものではない。

彼らは、ありもしない「在日特権」を、いつもネットで「発見」する。

「ネットは、好きなものを好きなだけ食べられるビュッフェ料理のようだ」と言った人がいたが、確かにネット右翼は、自分が望む情報だけを拾い、それを拡散させる。

山口が選挙ポスターを破いたと噂されれば、なにも疑わずに広める。そして、カウンター行動をする人たちを貶めるネタにする。

そのおかげで、いまでもグーグルで「山口祐二郎」を検索すると、サジェスチョンワードとして「逮捕」の文字が出てくる。

明らかな冤罪なのに、こうして「ネットで発見された真実」をあっさり信じる人がいる。

なぜなら、その「真実」を信じたいと頑なに思っているからだ。そんななんだから、おかしな差別デモなんてするようになるんだよ。

妄想はやめようぜ！

二〇一三年一〇月　山口祐二郎

¡No Pasarán!

山口祐二郎

やまぐち・ゆうじろう●1985年、群馬県生まれ。歌舞伎町ホストなどを経て、新右翼「統一戦線義勇軍」幹部に。2007年に防衛省襲撃事件を起こして脱退。現在は、作家・活動家として活躍。
著書に『ハイリスク・ノーリターン』（第三書館）。

Twitter アカウント：@yamaguchiyujiro

奴らを通すな‼
ヘイトスピーチへのクロスカウンター

2013年11月1日初版発行
定価1200円＋税

著　者　山口祐二郎
パブリッシャー　木瀬貴吉

発行　ころから

〒115-0045 東京都北区赤羽1-19-7-603

TEL 03-5939-7950　FAX 03-5939-7951

MAIL office@korocolor.com

HP http://korocolor.com/

ISBN 978-4-907239-04-6 C0036

好評既刊書

ナショナリズムの誘惑

木村元彦、園子温、安田浩一【著】

本体 1400 円＋税／ B6 判／並製／ 160 ページ

ISBN 978-4-907239-02-2

ヘイトスピーチの源泉はなにか？
その果てにあるものは？

「安酒の酔い」（©村上春樹）が
蔓延する状況に一石を投じる

目次から

鼎談「民族はフィクションだ」
象徴にされた「尖閣」（木村元彦）
メイキング・オブ・バッドフィルム（園子温）
日中韓のネトウヨは同じ夢を見るか（安田浩一）

ころから

ころからの本は、全国書店、ネット書店で取り寄せができます。
より迅速に入手できる「おすすめ書店」は、下記サイトをご参照ください。
http://korocolor.com/bookshops.html

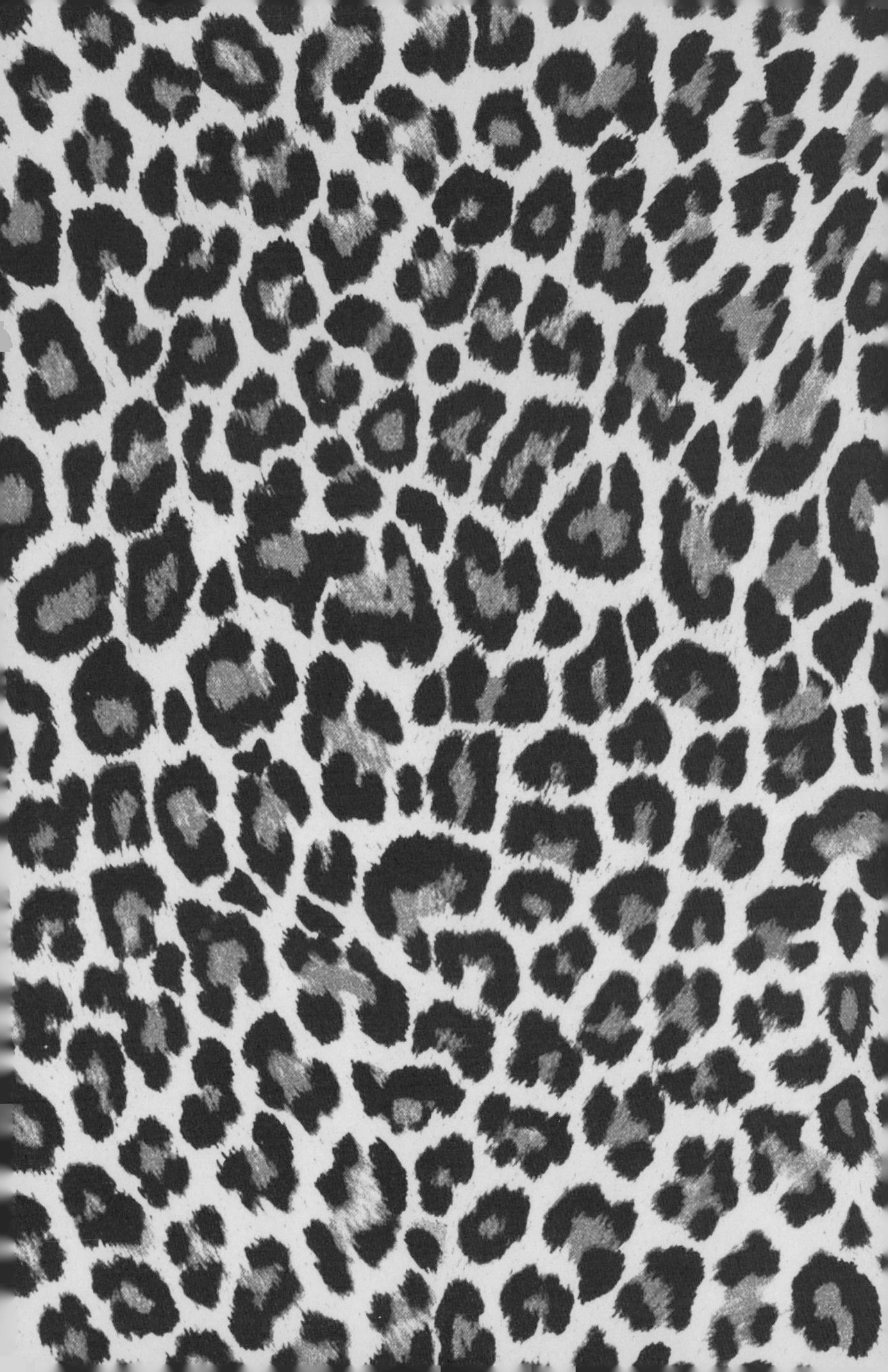